ME PIDO PERDÓN

MARIA ISABEL ARCOS TÜRK

ME PIDO PERDÓN
ENCERRADA SIN BARROTES

NOELIA SUFRIÓ MUCHO, HASTA QUE DIJO BASTA.
SU MISIÓN TENÍA QUE SER COMPLETADA.

Título: *Me pido perdón*
Autora: Mª Isabel Arcos Turk

Edición y maquetación: 2019, Romeo Ediciones
Diseño de la cubierta: 2019, Romeo Ediciones

Primera edición: mayo de 2019
ISBN-13: 978-84-17781-56-9

La publicación de esta obra puede estar sujeta a futuras correcciones y ampliaciones por parte de las autoras, así como son de su responsabilidad las opiniones que en ella se exponen
Quedan prohibidas, dentro de los límites establecidos por la ley y bajo las prevenciones legalmente previstas, la reproducción total o parcial de esta obra por cualquier medio o procedimiento, ya sea electrónico o mecánico, el tratamiento informático, el alquiler o cualquier forma de cesión de la obra sin autorización escrita de las autoras.
Nota a los lectores: Esta publicación contiene las opiniones e ideas de sus autoras. Su intención es ofrecer material útil e informativo sobre el tema tratado. Este libro se vende bajo el supuesto de que ni el autor, ni el editor, ni la imprenta se dedican a prestar asesorías o servicios profesionales legales, financieros, psicología u otros. Las autoras no se responsabilizan de las conclusiones que los lectores saquen del libro. No se da ninguna garantía respecto a la precisión o integridad de la información o referencias incluidas aquí, u tanto el autor como el editor u la imprenta u todas partes implicadas en el diseño de portada y distribución, niega específicamente cualquier responsabilidad por obligaciones, pérdidas o riesgos, personales o de otro tupo, en que se incurra como consecuencia, directa o indirecta del uso y aplicación de cualquier contenido del libro.

Prólogo de Miguel Ángel

¿*S*abes que la mayoría de las personas no cumplirán sus sueños?

Según diversos estudios las personas se arrepienten más de lo que no han hecho que de lo que hicieron alguna vez en sus vidas.

¿Por qué?

¿Y si fallo? ¿Y si fracaso? Te recuerdo, querido amigo, que estas preguntas en tu cabeza te alejan de tu sueño.

En sentido Isa ha realizado un trabajo magnífico, tomó una decisión firme y clara de pagar el precio que conllevaba, renunciando a otras cosas que no estuvieran alineadas en su camino.

Salió por completo de su zona de confort, abriendo las puertas que le llevaban a cumplir sus metas.

Felicitaciones por tu obra, estoy deseando que la disfrutes tanto como yo.

Por tu VIDA.

MIGUEL ÁNGEL, autor del libro:

CAMBIA TUS PENSAMIENTOS Y TE CAMBIARÁ LA VIDA

www.miguelangelgarciagutierrez.com

Esta novela me ha transformado. Ya no soy la misma, ahora sí tengo claro cuál es mi cometido en este mundo.
Así será.

Dar las gracias a mis compañeros Rafa y Javi por su aportación a esta novela.

Mª Isabel ARCOS TURK

ASÍ EMPEZÓ MI DESPERTAR

7777

Dedicaciones

Dedicado a esas mujeres valientes, que aunque muchas veces se lo piensan demasiado, se atrevieron a salir de ese infierno que es el maltrato físico y Psíquico a pesar de tener niños pequeños y un marido maltratador que aún quieren o han querido. A todas ellas enhorabuena por esa valentía.

A las mujeres que no se atreven por vergüenza, por falta de medios, por falta de decisión, por falta de un sueldo, por varios motivos, yo te hago una pregunta, sí, a ti mujer.

¿Vale la pena aguantar ese infierno toda una vida, tu vida? ¿Tu vida tirada a la basura y no vivirla por un ser que te maltrata?

Yo te insto a que salgas ahí fuera con la cabeza bien alta y empieces de nuevo, pide ayuda, siempre tendrás personas dispuestas ayudarte.

Tú vives en este mundo, eres parte de él.

Empieza con poco o nada, la misma vida te irá poniendo por delante todo lo que necesites.

Te lo prometo.

También quiero agradecer de una manera muy especial a mi amiga Montse, que desde el primer día que nos conocimos supimos la conexión tan grande que existía entre nosotras, y que siempre íbamos a tener un abrazo cuando lo necesitáramos. Ella me brindó un apoyo incondicional durante todo el proceso que duró este relato. Tú puedes, me decía. Gracias, Montse. Te quiero.

Índice

CAPÍTULO UNO- Juventud truncada............ 15
CAPÍTULO DOS- Un cadáver en la piscina........ 25
CAPÍTULO TRES- La tremenda bofetada 45
CAPÍTULO CUATRO- Intento de suicidio........ 61
CAPÍTULO CINCO- En busca del vagabundo 71
CAPÍTULO SEIS- El terapeuta.................. 83
CAÍTULO SIETE- La propuesta 91
CAPÍTULO OCHO- La decisión................. 99
CAPÍTULO NUEVE- Valentina................. 109
CAPÍTULO DIEZ- La carta.................... 117

Sobre la autora............................. 121

CAPÍTULO UNO

Juventud truncada

Rondaba el año 1984 en un pueblo cerca de Barcelona. Vivía con mis padres y mis abuelos en una gran casa al lado del mar. Como yo era la mayor tenía que hacerme cargo muchas veces de mis cinco hermanos menores, a mí no me importaba, es más, me apasionaba, a los primogénitos siempre nos cargaban con el cuidado de los hermanos menores.

Recuerdo grandes paseos con mi padre por la playa. Solíamos ir todos juntos, mis hermanos jugaban mucho con la arena y dentro del mar, éramos muy felices, incluso teníamos un perro. Se llamaba Mus. Era pequeño y de color negro. Era muy juguetón. Se metía en el agua sin ningún miedo y teníamos que correr en su busca para que no se ahogara.

Mi padre siempre me rodeaba con sus grandes brazos y me aconsejaba a cada momento. Creo que yo era su ojito derecho, su niñita mimada. Él me decía que tenía puestas en mí expectativas muy altas, quería que fuese alguien en la vida, lo repetía muy a menudo.

Hablábamos mucho sobre las pirámides de Egipto, la civilización egipcia me apasionaba, al igual que el imperio Romano. A veces me daba cuenta de que mi padre se quedaba extrañado de cómo hablaba con soltura de Tiberio, Calígula y Augusto.

—Noelia, hija mía, ¿por qué no estudias Historia? Veo que te gusta mucho. —Me decía mi padre.

—No sé, papá, me apasionan estos temas, pero no sé qué hacer.

Yo tan solo tenía catorce años, pero recuerdo que hablaba con fluidez sobre estos temas. Me maravillaban, a todas horas leía libros de historia, me daba igual el libro que fuese, era pasión.

Quizá fuese lo mío.

Siempre estaba rodeada de ellos, ¡qué temas tan apasionantes!

Mis hermanos eran muy pequeños, yo los cuidaba porque mis padres trabajaban y mis abuelos también.

Éramos una gran familia. Aunque vivíamos todos juntos, casi no nos veíamos porque la casa era muy grande. Tenía muchas habitaciones y largos pasillos. Al parecer esta fue una herencia que le dejaron a mi madre. Eso era lo que yo escuchaba cuando mis padres hablaban.

Mis padres eran profesores y muy queridos en el pueblo. Trabajaban con niños, los temas de conversación en casa casi siempre trataban de niños. Debía ser bonito trabajar en una profesión que te apasionaba, y eso era lo que tenían mis padres, pasión por ellos. Por muy cansados que vinieran de trabajar siempre encontraban un hueco para jugar con nosotros.

La casa disponía de una gran extensión de terreno, incluso tenía una gran piscina, donde mis hermanos y yo vivimos una infancia muy feliz. En la parte de arriba de la casa teníamos una gran sala donde todos juntos jugábamos interminables horas que nunca olvidaré, mi padre hacía de alumno y yo de profesora.

—Vamos, papá, atiende. —Le decía.

Y yo con un libro en la mano me ponía delante de él, jugando a enseñarle historia. —Qué bonito, —decía él. A mi padre se le iluminaban los ojos, estaba feliz de ver que su hija seguramente llegaría muy lejos.

Mis hermanos pequeños tenían la sala llena de juguetes y no se daban cuenta de nada, eran pequeños.

Pronto llegó el fatídico día, el día que hubiera dado mi vida para que no ocurriese.

Ese año empecé a estudiar el bachillerato con religiosas. Para mí era duro hasta que llegaba la asignatura de Historia, entonces, me convertía en otra, atendía de distinta manera, y asimilaba la información de inmediato.

Al entrar ese día en el colegio, vi algo que me dejó muy impactada durante tiempo.

Cruzaba el pasillo hacia la clase y al girar la cabeza algunas de mis compañeras que se quedaban internas estaban agachadas. No entendía qué estaban haciendo, pero cuando reparé en ello, me asusté un poco. Estaban fregando de rodillas con un trapo el suelo. Qué extraño. —Pensé.

Pero al parecer era eso lo que tenían que hacer. Cuando llegaban a clase se las veía cansadas, me apenaban esas pobres chicas.

Aún hoy lo recuerdo.

Mi padre siempre me llevaba al colegio, pero ese horroroso día tuvo que irse a trabajar antes junto a mi madre. Tal vez por lo que vino después me impactó aún más ese recuerdo. Una barrera fantasma de dos dimensiones de mi vida.

—Noelia, hoy os llevo al colegio. —Dijo mi abuelo con alegría.

Mientras mi abuela preparaba el desayuno, yo iba vistiendo a mi hermano pequeño y apremiaba a los otros dos a que se diesen prisa, a mí me alegraba hacerlo, me sentía mayor, y lo hacía con ilusión; era feliz. Aún no sabía lo que el destino, o las consecuencias de mis decisiones, me tenían preparado.

Éramos una familia muy unida, divertida y que se quería mucho.

Ese maldito día llegó sin avisar y todo se vino abajo, mi primer tremendo latigazo que la vida me propinaba. Antes de la última clase del mediodía, entró en el aula una religiosa, y acercándose a la profesora, le susurró algo al oído.

La cara que puso la monja, me asustó.

Ella se acercó a mí, y en un tono suave me susurró:

—Noelia, recoge tus cosas y acompáñame.

—¿Qué pasa, hermana Matilde? —Pregunté extrañada.

No me contestó, pero de sus ojos se escapó la tristeza. Yo intuí algo, creí desmayarme, algo malo estaba ocurriendo.

Recogí todas mis cosas y me despedí de mis compañeras. Ya no volví a verlas nunca más.

Cuando la religiosa me sacó de la clase me llevó hasta recepción donde me esperaba alguien.

—Señora María, qué hace usted aquí —Le pregunté.

Era una vecina que vivía al otro lado del pueblo. ¿Qué hacía ella allí? La señora María tenía once hijos, todo niños. Se les veía muy unidos y tan felices.

Ella no me contestó, se limitó a cogerme por los hombros, me acompañó hasta donde había estacionado su coche y me llevó a casa.

Yo estaba muy asustada, porque en los ojos de la señora María se escapaba esa misma tristeza que antes emanaba la religiosa y en mi interior empezaban a aflorar unas emociones de dolor que nunca quise sentir, quise gritar allí mismo, pero no pude, lo intenté de veras, pero no pude.

Cuando estábamos llegando a casa, en la puerta había una ambulancia.

Señora María, ¿qué pasa? dígame algo por favor. — Ella tenía lágrimas en los ojos, estaba claro que lo que estaba pasando no era bueno.

Cuando se detuvo abrí la puerta y salí corriendo hacia mi casa. El coche de mis padres no estaba. Estarían trabajando. –Pensé.

Posiblemente a alguno de mis abuelos le pasaba algo. Yo misma me decía en voz baja.

Pobre de mí, aún no era consciente de lo que se me avecinaba.

Cuando entré, mi abuelo se abalanzó sobre mí para abrazarme. No paraba de llorar, era un llanto incontrolable.

Mi abuela estaba sentada en el sofá, y dos chicas con batas blancas la estaban atendiendo.

Me costaba respirar. Abuelo ¿qué pasa? Creí morirme.

—¿Dónde están mis padres, que donde están mis padres? —Gritaba.

Lo que mi abuelo estaba a punto de contarme lo intuí desde que la Hermana Matilde entró en clase. Lo presentía. No sabría explicar lo que sucedía en mí, era como un susurro desde mi interior que me estaba preparando para lo peor, para todo lo que estaba por llegar.

Las fuerzas me fallaron y caí al suelo, no podía emitir sonido alguno. Me levanté como pude y corrí hacia la puerta. Según corría unos gritos desgarradores me surgieron del alma, un inmenso dolor en lo más profundo de mi ser me invadió.

Me tiré a la piscina. Quise morirme, quise irme con ellos. Me mantuve en el fondo un rato, hacía verdaderos esfuerzos para no salir a flote.

—Noelia, Noelia, —escuché gritar a mi pobre abuelo.

Alguien se lanzó al agua a por mí. No se lo puse fácil, no quería salir, estuve pataleando y tragando mucha agua, pero alguien más se tiró a la piscina para conseguir sacarme de allí.

Qué inconsciencia la mía, qué cobarde hubiera sido si me llego a ahogar. Qué dolor innecesario para los míos.

Pero tan solo era una niña, quería terminar con ese dolor tan horrible, solo eso.

Cuando desperté me encontré en mi cama. La señora María y su hijo Daniel estaban junto a mí.

Me lo explicaron todo. En el trayecto desde casa a sus trabajos se les cruzó un conductor borracho y ambos murieron en el acto.

—No sufrieron. —Dijo ella.

No me permitieron ver los cuerpos, dijeron que no era necesario.

—Noelia, cariño, tus hermanos están conmigo en casa para que tus abuelos puedan descansar, yo voy a encargarme de vosotros unos días. —Me dijo.

Y ahora, ¿qué hago yo sin mis padres? El dolor me devoraba por dentro, ya no los vería nunca más, qué peor tristeza puede haber más en el mundo. Ya no podría nunca mostrarle a mi padre la gran profesora que podía llegar a ser, no podría verlo nunca más, nunca volvería a sentir sus abrazos, sus miradas de orgullo hacia mí. Una gran tristeza me invadió durante muchísimos años, muchos años con los ojos enfermos, hinchados, rojos de tanto llorar.

Daniel era algo mayor que yo y recordaba que años atrás habíamos jugado juntos con el resto de sus hermanos. Él y yo nos llevábamos muy bien, incluso un día se atrevió a darme un beso en la boca.

Ellos vivían a las afueras del pueblo, desde mi casa era un camino un tanto angosto, las calles estaban aún sin asfaltar.

Cuando llegó el día de volver al colegio, no era para quedarme. Ahora doy GRACIAS.

Mis abuelos no podían pagar los estudios, y tampoco disponían de medios para llevarme al colegio porque estaba muy alejado.

—No se preocupen por el dinero ni por el traslado, puede que tenga una solución. —Dijo la religiosa—. Ella se podría quedar interna y no haría falta que pagaran nada.

Cuando escuché lo que dijo la monja entró en mí una sensación de muerte en vida, me vi fregando el suelo de rodillas toda mi vida, sentí terror.

Para mis abuelos, esto sería una solución fácil. Gracias al cielo que me dieron la oportunidad de elegir.

Mientras yo pensaba me vino a la memoria la imagen de las compañeras fregando el suelo de rodillas, contesté con rapidez.

Tomé la decisión correcta.

Aprendimos a vivir sin mis padres. Todos estábamos muy tristes, mis abuelos lo llevaban mucho peor. Desde que mis padres murieron, mi abuela tomaba muchas pastillas a diario, decía que las necesitaba, que no podía vivir sin ellas.

—Son para la depresión. —Afirmaba ella.

Nunca superó la muerte de su hijo ni la de su nuera. Mi abuelo ya no reía, casi no hablaba. Llevaba a mis hermanos al colegio y se encerraba en casa todo el día. Seguro que tuvo depresión y la arrastró durante muchos años, pero de no ser por nosotros, no sé qué hubiera pasado.

Me daba pena mi abuelo. Creo que le escuché en algunas ocasiones rezar, hablaba con alguien, pero él estaba solo.

Eso le daría paz. –Pensé.

A mí no me parecía mal, yo recuerdo que en casa había crucifijos y que algún domingo íbamos a la iglesia. Me parecía bonito.

Yo seguí con mis estudios, pero pronto la vida iba a darme un giro crucial.

Mis abuelos recibieron la indemnización por el accidente demasiado tarde, habían topado con abogados desalmados que se quedaron con parte de ella.

Fueron momentos duros de tensión y sufrimiento. ¿Cómo unos licenciados en derecho eran capaces de hacernos eso? Como no encontré la respuesta, o mejor dicho, la encontré, pero no me gustó, decidí hacerme abogada.

Yo pensaba mucho, mi cabeza no paraba nunca. Siempre pensé que las personas que actuaban con maldad lo hacían por alguna razón, y la mejor manera de averiguarlo era haciéndome abogada, de esta manera yo creí que podía entrar en sus cabezas y descubrir el porqué. Siempre hay una razón, nos parecerá mejor o peor, pero siempre la hay, y eso a veces no me dejaba dormir.

En varias ocasiones fui a la iglesia sola. Sentía paz cuando entraba allí. Pensaba en mis padres y en mis abuelos. Ellos ya no eran los mismos, y nunca más lo serían.

Cuando ocurre una desgracia de tal magnitud es difícil recuperarse, pero no imposible. Pero yo era una niña, no sabía cómo ayudarlos.

También pensé en estudiar Psiquiatría, el tema de la mente me apasionaba mucho. Yo empezaba a notar que todos los problemas que ocurrían a mi alrededor tenían solución.

Pronto empezaría a saberlo con seguridad.

CAPÍTULO DOS

Un cadáver en la piscina

Cuando la Señora María me llevó a ver a mis hermanos, ellos no eran muy conscientes de que nuestros padres habían fallecido. Mi hermano más pequeño tenía un año, y el que iba detrás de mí solo diez, él fue el que más notó la ausencia, y aunque lo pasó mal pronto volvió a la normalidad. Era ley de vida, no podía ser de otra manera.

Daniel, el hijo mayor de la señora María, decía que me quería, que quería estar conmigo. Me recordó que varios años atrás, cuando jugábamos en la calle nos hicimos novios. Cosas de críos.

Daniel aún no mostraba las señales de su problema, no eran todavía evidentes, era aún muy joven.

Mis abuelos decidieron que nos teníamos que cambiar de casa a una más pequeña, la pensión que cobraban no era muy grande y no les llegaba para todo. La indemnización se retrasaba y mis pobres abuelos se encontraban muy agobiados y cansados.

Yo me daba cuenta de todo y también sufría, entonces decidí algo. Tenía que ponerme a trabajar.

Mi objetivo era ser abogada, y tenía que conseguirlo como fuese.

Junto a nuestra casa vivía una familia que tanto el padre como la madre eran modelos y se comentaba por el pueblo que necesitaban una canguro para sus hijas pequeñas.

Cuando yo me enteré fui de inmediato a ofrecerme.

Llamé a la puerta, y salió una mujer muy guapa, detrás de ella se escondía su marido. Era un hombre muy guapo y muy fuerte, pero había algo en él un tanto extraño. Irradiaba agresividad. Yo lo notaba. Sus ademanes, sus palabras, la forma en que se movía, pero era solo una sensación. Me olvidé de ello.

—Hola, Noelia, guapa, ¿qué tal?, entra. —Me dijo.

Me ofrecieron merendar con ellos y acepté. Mientras, le expuse la posibilidad de ser la canguro para sus hijas.

—Me parece magnífico. —Me dijo ella.

—Pero hay un problema, no va a poder ser.

—¿Qué problema, Señora Valentina? —Le dije con ímpetu.

—Mis hijas solo hablan inglés. —Dijo ella.

—¿Y cuál es el problema?, yo también hablo Inglés, mi padre se encargó de enseñármelo desde muy niña, él quería y sabía que me esperaba un futuro prometedor.

Ella se quedó un rato pensativa.

—Me dejas de piedra, Noelia. Pues contratada.

El marido no abrió la boca, solo asentía con la cabeza, me pareció que de la forma en que me miraba ya intuía que yo percibía algo, no sabría cómo explicarlo, pero su mirada chocaba con la mía y yo sentía mucho miedo. Era como si me dijese: Sí, soy de esos.

Empecé al día siguiente. Las niñas eran muy educadas, y congeniamos muy deprisa. Se me había presentado una oportunidad de oro y supe aprovecharla muy bien, además por mi cuenta enseñé a las niñas a hablar castellano. Fue un periodo muy enriquecedor, y también una ayuda muy importante a nivel económico, ya que con lo que me pagaba pude estudiar lo que yo quería y también ahorrar.

De haber sabido lo que me esperaba, hubiera ahorrado mucho más.

Pero como nadie nos dice qué va a pasarnos, pues nos encontramos de cara con el problemón que seguro que provocamos nosotros con las decisiones que tomamos, o no.

Mi trabajo consistía en levantar a las niñas, vestirlas y llevarlas al colegio. Luego volvía a su casa y me dedicaba a hacer las tareas del hogar y dejarles hecha la comida. Fue bastante duro. Quise, al principio, abandonar porque estudiar y trabajar a la vez me resultaba bastante difícil. Además era muy joven, pero no había más remedio, tenía que hacerlo.

De esta manera pasaron algunos años, durante los cuales observé ciertos comportamientos extraños del marido de Valentina hacia ella. Discutían muy a menudo y solía cogerla por el brazo muchas veces. Yo sabía que eso no era normal, pero nunca me atreví a hablar con ella, de haberlo hecho, su destino hubiera sido otro.

Yo soñaba mucho. Soñaba que quería ser abogada, era mi pasión. Quería averiguar por todos los medios por qué había personas que actuaban con maldad y hacían daño a otras, tenía que haber un motivo de por qué se comportaban así y la manera de averiguarlo era ser abogada. No sé, sentía la necesidad de que muchas de esas personas podrían necesitar ayuda y ellas no sabían cómo pedirla.

Recuerdo que mis amigas cuando comentaban algo que les pasaba yo ya tenía claro cuál era la solución a ese problema. Y nunca fallaba. Pero me cansé de aconsejarlas porque me empezaron a llamar la bruja. Sin embargo, mientras lo hice, una paz extraña me reconfortaba, sabía la solución y quería ayudarlas.

Era injusto, lo sé, pero tan solo éramos niñas.

Mis abuelos discutían muchas veces, problemas económicos y de demás índole. Yo sabía la solución, pero estaba asustada, no quería que se pensasen que estaba enferma.

—¿Por qué ellos no la veían?, era extraño, ellos eran los adultos.

Una mañana me levanté muy asustada y empapada de sudor, esa noche tuve una pesadilla, parecía real y me asusté mucho. No podía contárselo a nadie, me hubieran tratado de loca.

—Noelia, cariño, ¿qué te pasa? —me preguntó mi abuela.

—Nada, un sueño raro que he tenido esta noche.

Dios mío, que no me pregunte qué era lo que había soñado. —Me decía a mí misma.

No, no me preguntó.

Respiré aliviada porque no era agradable: vi un cadáver en una piscina flotando. No podía distinguir si era un hombre o una mujer, todo el sueño era eso, un cuerpo flotando. Fue terrible.

Producto de mi imaginación. —Pensé.

Ese día no tenía que trabajar con las niñas y me dispuse a organizar mis estudios, estaba muy emocionada con la carrera profesional que había elegido y estaba saliendo a la perfección, además la compaginaba con estudios de psicología que me venían como anillo al dedo para lo que yo quería descubrir sobre la mente. Estaba apasionada con ellos, era un tema brillante al que quería dedicarme.

Ya lo empezaba a entender un poco todo.

Cuando me disponía a meterme en la cama sonó el móvil. Era un mensaje de Valentina. Me pedía que fuera a la casa a dormir con las niñas y que entrara sin hacer ruido por la puerta de atrás.

—Noelia, cariño, ven a atender a las niñas, intenta no hacer ruido cuando entres por detrás. —Dijo.

Yo era como una más de la familia. El mensaje no me extrañó, porque a veces iba por las noches para estar con las niñas, pero el que entrara por detrás lo encontré raro. Intuía que algo no iba bien.

Hice lo que me pidió. Iba siempre caminando a la casa, pero lo que vi esa noche me sobrecogió el corazón. ¿Cómo podía ser posible aquello?

Según me acercaba cada vez más, más miedo me causaba lo que estaba escuchando.

Se escuchaban en un tono no muy alto insultos por parte del marido de Valentina.

—¿Pero a quién iban dirigidos, qué estaba pasando allí?

Asomé un poco la cabeza por la ventana del patio y vi a Valentina que estaba en el suelo llorando en voz baja.

Tuve que taparme la boca para no gritar. El marido estaba dándole patadas en la barriga, a la vez que la insultaba. Ella ya tenía su cuerpo enroscado. No se movía. Quizá estuviese muerta. Llegué a pensar. El horror se apoderó de mí, ¿qué podía hacer yo ante esa situación?

Él agarró su chaqueta y se marchó acelerado dejándola allí tirada en el suelo. Cogió su coche y se fue.

Estuvo a punto de verme, pero tuve la agilidad de introducirme entre unos arbustos que había junto a la ventana.

Cuando ya se marchó entré rápidamente en la habitación y me tumbé con ella.

—Valentina, cariño, Valentina, —le di varios zarandeos para comprobar que no estaba muerta. —¿Qué te ha hecho ese bestia? Dios, cariño, ¿qué ha pasado?

Cuando giró la cara, yo no daba crédito a lo que estaba viendo. La tenía llena de golpes, casi no podía abrir los ojos, los tenía morados y muy hinchados. Fue tremendo de ver.

Cuando la miré tuve que abrazarme a ella fuerte. No podía dejarla sola en aquel estado. Las niñas dormían y podía estar con ella.

—Vamos, intenta levantarte y te llevo a la cama, voy a llamar a la policía. –Exclamé.

—No, no lo hagas, por favor, Noelia, me mataría, entonces sí me haría daño de verdad, tú no lo conoces, es un bestia.

Yo estaba aturdida, ¿qué podía hacer ante esa situación? Solo ayudarla y escucharla.

—Valentina, tienes que denunciar esto.

—No puedo, Noelia, estos golpes se curarán como siempre lo hacen, si lo denunciara me pegaría más fuerte, iba a dejarlo, ¿sabes?, hablé con él de buenas maneras para hacerle entender que ya no podíamos estar juntos.

Está liado con otra desde hace tiempo y no trabaja, tengo que mantenerlo y ya no puedo más. Hace mucho tiempo que dejó de acariciarme, de mirarme, ya no me miraba a los ojos, estoy muy triste, Noelia.

—¿Que se curaran como siempre? ¿Te ha pegado más veces? —Le pregunté asustada.

Yo la escuchaba atentamente, ese hombre era un maltratador en potencia, de manual. Aunque yo veía en ella algo que no me cuadraba, no sabría explicar el qué. Estaba resignada, no lo quería denunciar, pero había algo en su mirada muy extraño, algo no iba bien.

Yo llevaba trabajando con la familia unos cinco años, me consideraban parte de ella. El marido de Valentina era un ser extraño, nunca le vi relacionarse con nadie, era ella la que trabajaba y salía a despejarse con amigas, él siempre solo, y me daba cuenta de que hablaba mucho por el móvil.

Después de atender a Valentina y ayudarla a meterse en la cama fui a ver a las niñas. Dormían plácidamente cada una en su cama. Yo tenía una cama junto a la de ellas. La habitación era muy grande y disponía de una sala tipo despacho donde pasaba largas horas estudiando.

Era ya muy tarde y me acosté, lo que había visto me puso muy mal cuerpo, cómo se puede apalear así a una persona, a una mujer indefensa. —Me preguntaba.

Estuve intranquila toda la noche, di muchas vueltas en la cama hasta que el sueño pudo conmigo.

Unos gritos desgarradores me despertaron. Era la voz de Valentina.

Cuando salté de la cama para ver lo que ocurría, la niña mayor estaba junto a la ventana.

Me asomé y Valentina estaba junto a la piscina tirada en el suelo. Cogí a la niña y la metí en la cama.

—Duérmete, cariño, tranquila, no pasa nada. —Le dije.

Lo que vi me impactó de tal manera que el grito silencioso se quedó en mi garganta sin poder salir, no podía gritar. Cerré deprisa las cortinas para que las niñas se mantuvieran durmiendo y bajé corriendo junto a ella.

—Dios mío, qué has hecho, Valentina, —la abracé—. ¿Qué has hecho?, contéstame.

En la piscina flotaba un cuerpo, era el marido de Valentina.

Dios, mi sueño, ¿cómo era posible aquello?, lo había soñado. Había soñado un cuerpo flotando en una piscina.

¿Qué era lo que me estaba pasando?

—Nada, Noelia, nada, me había bajado a tomar el aire y estaba ahí, flotando en la piscina.

Valentina tirada en el suelo llorando alargaba su brazo como haciendo el gesto de querer coger el cuerpo de su marido, quería ir con él.

—Déjalo, cariño, no lo toques, ya estoy escuchando las sirenas de la policía.

Alguien los llamó, supongo que al escuchar los gritos.

Encima de una mesita de mimbre había una copa con restos de vino y varias pastillas sueltas por encima. Lo recogí todo deprisa y lo escondí entre unos maceteros que vi junto a la depuradora de agua. No sé qué era lo que pensaba, pero tuve miedo y lo hice.

Cuando llegó la policía, Valentina no podía hablar. Se la llevaron en ambulancia. Aún tenía las evidentes señales de los golpes en su cara.

Cuando les expliqué quién era yo, me interrogaron.

—¿Qué es exactamente lo que usted ha visto, Noelia?

—Yo dormía en la habitación de las niñas y escuché gritar a la señora Valentina, por lo que bajé corriendo para ver qué era lo que sucedía. -Le conté.

—Pero ella tiene golpes en la cara, ¿qué sabe usted de eso?

—¿Golpes en la cara?

Tuve que hacerme la sorprendida, supe hacerlo.

—Yo no sé nada de eso. —Continué —Después de cenar me envió un mensaje para que viniera con ellas. Yo pensé que era porque tenía sesión de fotos. Fui directamente a la habitación con las niñas.

El policía me pidió que le enseñara el mensaje. Así lo hice.

Estaba temblando. El policía creo que no se dio cuenta.

Las niñas seguían en la habitación y al parecer dormían. O eso creía.

Le dije al policía que las niñas estaban solas y que tenía que ir con ellas.

Ellos se encargaron de localizar a un familiar de Valentina que precisamente había venido a Barcelona de vacaciones para quedarse una temporada. Las niñas no podían quedarse solas.

El cuerpo aún flotaba boca abajo. No sentí pena. No sentí nada.

—¿Por qué volvería a la casa?, ¿qué le hizo volver?— pensaba.

Las niñas ya habían despertado, pero creo que no se enteraron de nada.

Tuve que utilizar ese momento para despedirme de ellas, me temía que iba a tardar tiempo en volver a verlas.

No me equivocaba.

No supe de Valentina durante muchos años.

Pasaron cuatro largos años. Terminé la carrera de derecho. ¡Por fin era ya abogada!

Tenía en la cabeza que Valentina sabía lo que le había ocurrido a su marido.

Me especialicé en algunos temas relacionados con la mente, la de cosas que podemos llegar a crear con prestarles algo de atención.

Con mi título recién estrenado me presenté en el mejor bufete de Barcelona. Yo era la mejor, por lo tanto quería optar por el mejor puesto. Les dejé el currículum.

Todo empezaba a salir rodado. Salía por la puerta ya en dirección a la calle cuando mi teléfono sonó.

—¿Señorita Noelia?, la llamamos del bufete Madison, acaba usted de dejarnos el currículum.

Se hizo un silencio incómodo, hasta que pude hablar.

—Sí, soy yo.

—Estaríamos encantados de poder entrevistarla para poder optar a una plaza libre que acabamos de tener.

—Por supuesto. —Le dije. —Ahora estoy disponible, si a usted le parece bien.

No pude esperar al ascensor, subí los siete pisos a pie. Cuando llegué a la puerta casi sin aire me retoqué el cabello, la ropa, hice varias respiraciones porque estaba ahogada y me dispuse a entrar.

Llamé a la puerta.

—Adelante, Noelia. —Me dijo un hombre mayor que se encontraba sentado detrás de una gran mesa de cristal.

—Tome asiento, soy Mario. —Me dijo con una ligera sonrisa.

No estaba nerviosa porque sabía que eso era lo mío, el poder entender a las personas y lo que les pasaba por la mente era mi pasión, era a lo que quería dedicarme por siempre.

—A ver, dígame por qué quiere usted trabajar con nosotros. —Me preguntó.

Cuando le expuse mi plan de trabajo, se quedó atónito, sin palabras. Me explicó que el último fichaje no era muy bueno, que no estaban muy contentos con él porque se agobiaba mucho con los casos a defender. El bufete Madison era el más prestigioso de toda Barcelona, la gente hablaba muy bien de él.

Cuando llevábamos unos minutos conversando, llamaron a la puerta.

—¿Se puede, Sr. Mario?

La voz de un hombre al que reconocía me sobresaltó de la silla. Giré la cabeza hacia atrás. Cuando vi quién era no daba crédito, era Daniel, el hijo mayor de la Señora María.

—Pero ¿cómo tú por aquí? —Me preguntó Daniel, extrañado.

Yo me levanté para abrazarlo, pero su forma de reaccionar me frenó.

Evidentemente Mario se dio cuenta de que nos conocíamos y no hacían falta las presentaciones.

—Veo que se conocen. —Dijo él.

—Pues sí, fuimos vecinos de niños, —me adelanté a Daniel.

Él se había hecho abogado también, pero me daba la sensación de que en su rostro no había la alegría que yo hubiera esperado obtener ante tal encuentro. Se había convertido en un ser extraño.

—Daniel muéstrale el despacho número siete a Noelia, ahí es donde ella trabajará. —Contestó Mario con un tono de voz que lo cierto es que me extrañó un poco. Igual se dio cuenta de la cara de Daniel y también le pareció raro como a mí.

—No se arrepentirá de contratarme, Sr. Mario, descuide, voy a dar el cien por cien. —Le contesté entusiasmada.

Lo conseguí. —Pensaba mientras Daniel me acompañaba a mi nuevo despacho.

Yo tenía en la mente que a Daniel no le hizo gracia el volver a verme, además estuvo todo el trayecto callado.

—Mira, aquí es. —Dijo Daniel.

¡Qué maravilla! —Pensé. Era un despacho grande y muy luminoso. Me acerqué al ventanal y era como una postal, se veía toda Barcelona. Más bonito no podía ser.

—Bueno, ya nos veremos por aquí, voy a seguir con mis tareas. —Señaló Daniel.

A mí el tono me resultó un tanto estridente, no podía entender el motivo de esa supuesta rabia al verme. No pudo evitarlo, todo su ser desprendía celos, envidia, no sé. Habíamos estado juntos casi toda la infancia y cuando mis padres fallecieron. No entendía lo que estaba mostrando Daniel con aquella actitud.

Ahí es cuando da comienzo el trabajo que vine a hacer.

Los celos estaban empezando a florecer.

Voy a demostrarle que todo va a ir perfecto y que somos un equipo.—Pensé.

Mario me ofrecía un caso cada semana. Era un no parar. De forma gratuita también ayudaba a personas con pocos recursos económicos, podíamos hacerlo y yo la verdad me sentía muy bien haciéndolo.

Solía tratar casos de violencia de género, eran casos muy tristes. Yo intentaba hacerles entender que se sale de todo eso, que solo tienen que querer, yo veía la solución para ellas.

Todos los días iba a trabajar con alegría, me encontraba muy animada y estaba muy contenta con mi nuevo trabajo. A Daniel casi no lo veía. Una vez nos cruzamos en la cafetería y no tuvo más remedio que pararse.

—Hola, Daniel, ¿cómo estás? —Pronuncié para empezar a conversar. Tenía una actitud extraña, no se le veía muy a menudo ni tampoco se relacionaba mucho con nadie.

—¿Cuántos casos llevas, Noelia? —Se atrevió por fin a hablar.

—Pues mira, Daniel, me han asignado tres y otros tres gratuitos, estoy muy ocupada, pero feliz.

Se comentaba por el bufete que a él no le daban muchos casos, por eso se le veía poco. Pensé en lo que dijo Mario. Este sería el último fichaje al que se refería.

Mario nos llamó a su despacho para repartir las tareas, a mí me dieron el caso de *mobbing* en una empresa, a esa pobre chica la tenían machacada entre sus jefes y sus compañeros, tenía que llevarlo yo.

—Pero, Mario, ese caso me dijiste que lo llevaría yo. —Expresó Daniel, descontento.

—Ya lo sé, Daniel, pero prefiero que lo lleve Noelia, para ti tengo otro.

Lo que a continuación sucedió fue el aviso del destino que me estaba diciendo en grande:

"Huye ahora mismo de aquí".

Pero no lo hice.

Daniel cerró el puño de su mano derecha con fuerza. Cuando vio que me había dado cuenta escondió su mano detrás de la pierna.

A partir de ese momento, empezó a cambiar de actitud, y a querer un acercamiento hacia a mí.

Empezó con comentarios, sobre mi bonita ropa, sobre mi sonrisa. Quiso invitarme a salir.

Ahí empezó todo.

Daniel me pidió que saliéramos juntos, me decía que yo le gustaba mucho y que quería conocerme mejor. A mí también me gustaba él, y yo necesitaba de alguien en quien apoyarme. La idea me entusiasmó y acepté.

Las primeras semanas fueron maravillosas, era feliz. Irradiaba felicidad.

Un día en el despacho de Mario saltaron todas las alarmas, pero no hice caso, no presté atención, de haberlo hecho, no se me hubiera partido el alma.

—Te veo muy alegre, Noelia, guapa, ¿qué te pasa? —Me comentó.

—Mira, Mario, estoy muy contenta porque he empezado a salir con Daniel.—Le dije.

Su cara cambió, se volvió blanca.

—¿Con Daniel, el que tú ya conocías cuando erais pequeños? —Expresó alterado.

—Sí, pero por qué te pones así, es muy buen chico y me trata muy bien. Yo estoy muy contenta. —Quise convencerlo.

—A ver, Noelia, siento ser yo quien te lo diga, pero como si fueras mi hija me veo en la obligación de hacerlo. Daniel tiene ya novia, sale con una mujer que tiene tres hijos, y además es bastante mayor que tú, no te conviene, te lo digo yo. —Dijo con un tono bastante apenado.

Salí del despacho muy triste, pero a la vez sentí rabia.

¿Es que quiere estar con dos mujeres a la vez? —Me preguntaba. —Hoy mismo hablo con él y rompo la relación.

Cuando salí del despacho de Mario fui directamente en su busca. Sin llamar a la puerta entré directamente al suyo.

—Qué ímpetu, Noelia, tendrías que haber llamado a la puerta ya que podía haber estado atendiendo a algún cliente. —Dijo en tono grave.

Yo aún era fuerte y me atrevía con todo.

—Déjate de cuentos, quiero hablar contigo. —Señalé con cara de pocos amigos. —¿Con cuántas mujeres sales a la vez?, me podías haber dicho que ya tenías novia y habernos ahorrado tanta tontería. Expresé con rabia.

—Pero ¿quién te ha dicho eso? Yo no salgo con nadie. Hace tres meses salía con otra mujer, pero lo dejamos, te lo dije, Noelia. Pero yo no voy contando por ahí mi vida. Quien te lo haya dicho no sabía que ya no salgo con ella. —Me dijo esto en tono ya más tranquilo.

Seguía sin darme cuenta de nada, era joven y era el primer chico que me decía cosas bonitas. Me lo creí todo. No supe ver más allá.

Estaba a punto de empezar un calvario de muchos años. La culpa solo fue mía, nada más que mía. Pude elegir, y elegí mal porque las señales fueron varias y evidentes. Era joven, muy joven, no supe verlas.

De haber tenido a mis padres junto a mí no hubieran permitido nunca que me casara con Daniel.

Yo lo cuidaba, quería verlo feliz, me enamoré de él como una loca, pero yo no recibía el mismo trato, todo lo contrario.

La relación siguió su curso.

Un día en el despacho de Mario recibiendo las tareas me sorprendió lo que me contó. Me quedé atónita, no supe qué decir.

—Bueno, Noelia, como Daniel se ha cogido unos días de permiso el caso que tenía para él lo vas a llevar tú, que entre tú y yo, lo llevarás mejor. —Me dijo.

Cuando salí del despacho creí que me daba algo, noté un calor extraño que me recorría el cuerpo. Se había ido a no sé dónde sin decirme nada.

La furia se apoderó de mí. Empecé a divagar profiriendo insultos dirigidos a la nada. Luego me vine abajo, pensé que igual había acudido a visitar a algún familiar enfermo y no quería preocuparme.

Me convencí de ello.

Pasaron cuatro largos días sin saber nada de Daniel. Caminando hacia el trabajo veía todos los días su Seat 131 color verde aparcado en el mismo lugar. Mi cabeza no paraba de pensar. Estaba muy apenada, incluso temía por él. Me llegué a preocupar, pensé cosas absurdas, mi mente no paraba, pero me daba vergüenza hablar con Mario. Yo sabía que si se lo contaba me hubiera convencido en dejarlo, y yo no quería, no quería dejarlo, estaba ya enganchada a él. No había vuelta atrás.

Al quinto día dio señales de vida.

El teléfono sonó.

—Noelia, tenemos que hablar, por favor no me interrumpas, te lo voy a contar todo, pero por favor no me interrumpas. —Era Daniel.

—Espero que esto que te he contado lo mantengas en secreto. —Me decía—. No quiero enterarme de que lo has ido divulgando por ahí, son cosas nuestras, ¿entiendes, Noelia? —Me avisaba.

Lo que me explicó, me lo creí, fui tan inocente que me lo creí. ¿Pero por qué no hablé con Mario, por qué no se lo conté a nadie? —Pensé.

Olvidé el tema, seguimos como si tal cosa.

Él era cariñoso y muy amable al principio, pero la relación empezó a torcerse cuando se dio cuenta de que era dependiente emocionalmente. Yo era muy joven y aún no me daba cuenta de que ese trato no era adecuado hacia una mujer, a pesar de que yo atendía casos parecidos como los que yo empezaba a vivir, en mí no podía verlo, estaba bloqueada.

Empezó hablándome mal de mis abuelos y mis hermanos, y por culpa de esto, yo casi no los podía ver.

—Daniel, el sábado se celebra el cumpleaños de mi abuela y estamos invitados a comer todos juntos. —Le dije.

—Yo no tengo ganas de ir, no tengo ganas de ser falso. —Me respondió—. Ve tú.

—¿De ser falso? —Le pregunté.

—Eso es, no me caen bien, pero no hay problema, ve tú. —Contestó.

Él sabía que no iría, me manipulaba, sabía que estaba emocionalmente enganchada a él. Yo prefería quedar mal con mi familia, para estar al lado de un hombre que estaba muy claro que ni me quería ni quería a los míos.

Como yo seguía totalmente enganchada y no me daba cuenta de nada, la respuesta que le di a su pregunta fue el inicio a lo que se desencadenó durante los posteriores veinte años.

A partir de esos momentos empezó un viaje a la desolación, a un infierno de agresiones e insultos.

Un día después de gestionar con Mario los casos a llevar, Daniel se me acercó al oído, y casi con susurros me dijo algo:

—Mañana nos vamos a pasar el día fuera, quiero hablar contigo. —Me comentó.

Yo no podía ni siquiera imaginar lo que era, pero lo cierto es que era muy extraño.

Al día siguiente me recogió con su Seat 131 en la puerta de mi casa. Nos fuimos a comer. Pasamos una velada muy bonita. Cuando estábamos tomando los postres, agarró una servilleta de papel y escribió: TE QUIERO.

Me ruboricé, era la primera vez que lo escuchaba. Llevábamos saliendo ocho meses. Me pareció muy bonito, pero la pregunta estaba por llegar.

—¿Nos casamos? —Dijo Daniel.

—Viviremos en mi piso. —Puntualizó él.

—Pero qué dices, si llevamos juntos muy poco tiempo saliendo y además soy muy joven, es una locura. —Exclamé.

Me convenció, yo sabía que era una barbaridad, una enorme locura, pero le dije que sí.

A partir de ahí empezamos a prepararlo todo. Cuando le di la noticia a mi abuela, no podía creérselo, no le pareció bien, pero era mi decisión, tuvo que aceptarla.

Recuerdo un episodio tres meses antes de casarnos. Me ofrecí para plancharle la ropa porque no disponía él todavía del ajuar de una casa, y se la llevé más tarde de lo normal, me retrasé bastante y se puso nervioso.

La primera vez que me pegó fue muy dura, muy dura de padecer y de recordar.

Sin saber cómo, me vi en el suelo. Me tiró al suelo.

Con todo su peso encima de mí sentí que me ahogaba.

—¿Pero qué estaba pasando, por qué estoy en el suelo?

¿Qué podía hacer, donde podía acudir? Estaba aterrada. Eché tanto de menos a mis padres.

Esa noche lloré, lloré mucho. ¿Por qué hizo eso? —Pensaba y lloraba, si yo le quiero. Tuve que olvidar lo que pasó.

No entendía ese trato, estaba locamente enamorada de él. ¿Sería mi carácter a veces grosero? —Me preguntaba.

Fui ingenua, el horror no hizo más que comenzar.

CAPÍTULO TRES
La tremenda bofetada

No sabía qué hacer ni dónde acudir, era muy joven. ¿A quién podía contarle semejante atrocidad? Mis abuelos eran muy mayores y mis hermanos eran jóvenes, no debía de cargarles con ese sufrimiento, no era justo para ellos.

Ese episodio pasó de largo. ¡Nunca le gustó mi familia, era todo tan evidente! Pero mi mente no lo aceptaba aún.

Lo repetía mucho.

—No me interesa ir con tu familia. —Me decía. Y yo no reaccionaba.

¿Qué me pasaba, por qué no reaccionaba? Estaba tan acostumbrada a ver casos así en mi trabajo de mujeres que tenían miedo a dar el paso y soportaban todas esas vejaciones. Tenía mucho miedo, pero mi mente no me permitía mirar más allá. Me sentía muy mal porque yo aconsejaba a las mujeres que se podía terminar con ese horror, y conmigo no supe hacerlo.

Quedaba muy poquito para nuestra boda y otro ataque de locura estaba a punto de suceder.

Mi ilusión era enorme. Aunque no había vivido nada mi juventud, ni había salido ni había disfrutado de nada, iba a cometer la gran locura de mi vida, casarme con un hombre del cual me había enamorado locamente, pero él no supo valorarme y descargaría toda la rabia que llevaba dentro de sí, en mí.

Jacinto era uno de sus hermanos, con el que yo mejor me llevaba, congeniábamos.

—Jacinto, qué te parece si me ayudas a colocar los cuadros, así le damos una sorpresa a tu hermano cuando los vea puestos.

—Claro, cuñada, los ponemos esta tarde mismo.

Se pasó toda la tarde colocándolos, mientras él los ponía yo terminaba de preparar la casa, tenía que estar todo perfecto, estaba muy ilusionada.

Esa noche hacíamos una cena familiar, pero antes apareció Daniel en casa y ocurrió.

—¿Pero esto qué es? ¿A quién le has pedido permiso para colocar los cuadros? –Soltó Daniel despectivamente.

—No sabía que tenía que pedir permiso, cariño.

Montó en cólera y los descolgó todos a sabiendas de que su hermano lo estaba mirando.

Me sentí tan mal, no se me ocurrió preguntarme, ¿con quién te vas a casar, Noelia? Con la cara desencajada nos fuimos a la cena. Yo no sabía ni cómo me sentía, era un sentimiento muy extraño. Dolor, decepción.

Jacinto me lo notó. Me miraba con pena. Igual sabía cómo era su hermano, pero no podía decirme nada.

La cena transcurrió tranquila. A la hora de despedirnos Jacinto me dijo algo al oído.

Habían pasado dos meses de la boda, y Mario volvió a llamarnos al despacho para asignarnos más casos, salimos de allí bastante tarde, siempre hablaba mucho, y a mí me gustaba escucharlo porque se aprendía mucho de él.
Salimos del despacho e íbamos caminando por la calle cogidos de la mano hacia nuestra casa, yo creía que éramos felices. Discutimos por algo, no lo recuerdo, de pronto noté un fuerte impacto en mi mejilla izquierda. Me quedé paralizada por el miedo, me había dado una bofetada tremenda con todas sus fuerzas.
No me lo esperaba, me pilló de sorpresa. Lo hizo con tanta fuerza que me quedé un rato aturdida sin poder hablar.
Otra vez volvió a ocurrir, otra maldita vez.
Cuando volvimos a casa yo me rebelé, solté toda mi furia lanzando una patada al sofá y lo volvió a repetir, me dio otra bofetada. Recuerdo que solo lloraba tirada en el suelo. Acababa de casarme y ya me maltrataba. Pero ¿a quién podía contarle lo que me estaba ocurriendo? yo era abogada, defendía a mujeres en la situación que yo me encontraba y no sabía cómo salir de esta. Me acababa de casar, me daba mucha vergüenza contarlo.
Mis abuelos ya muy mayores vinieron al día siguiente, recuerdo sus caras. ¡Pobrecillos!
—Si no la quieres déjala, pero no la pegues. —Le decía mi abuela.

Él se la miraba con rabia. Una pobre anciana diciéndole a un maltratador que no haga lo que para él estaba bien hecho.

El episodio pasó de largo. Iban acumulándose en un rincón de mi mente, no quería recordarlos.

Los días siguientes se sucedieron con normalidad, incluso nos cogíamos de la mano cuando caminábamos por la calle, pero ese gesto dejó de hacerlo. No quería mi contacto, no soportaba mi contacto. Era todo tan extraño, pero yo seguía sin darme cuenta de que era el hombre incorrecto para mí, estaba enamorada. Yo seguía preguntándome cómo era posible que una persona te maltrate y sigas queriéndola. Cómo era posible que yo, una estudiosa del derecho y de la mente, me dejara hacer tal barbaridad.

Salí una tarde a dar un paseo. Por el camino me encontré con Jacinto. Al verlo me acordé de lo que tiempo atrás de me dijo al oído.

—Mi hermano no es bueno. Yo estoy locamente enamorado de ti. —Me dijo.

—¿Ya ha empezado, verdad? ¿Ya te ha pegado? —Me dijo Jacinto.

Me mantuve en silencio. No pude reprimir las lágrimas. Jacinto me las secó con sus manos.

—Jacinto, déjalo que nos pueden ver y si tu hermano se entera de que hablamos sobre él puedo tener problemas.

—Déjalo, Noelia, déjalo, no te conviene, yo te haré feliz, yo te quiero.

—Te tenía que haber conocido a ti antes, Jacinto, pero ahora qué hago, además, creo que estoy embarazada. —Le dije.

Su cara cambió, cerró los ojos, me cogió del brazo y me introdujo en un portal donde me abrazó fuertemente. No me soltaba.

—Jacinto, por favor, déjame, esto está mal, estoy casada con tu hermano, no puedo. De pronto me agarró con suavidad la cara con sus dos grandes manos y me besó en la boca.

Dios, fue un beso interminable, Daniel nunca me besó con esa energía y ese calor.

Noté como su mano se deslizaba por debajo de mi blusa hasta llegar a los pechos.

—Para, Jacinto, por favor, no puedo, no puedo. —Le dije con la voz rasgada.

Recogí el bolso del suelo y salí de allí. Eso estaba mal.

Ese año pasó con normalidad. Estaba embarazada de mi primer hijo. Lo concebimos con amor, yo lo concebí con amor.

Me casé muy enamorada, mucho y nunca había estado con un chico. Daniel era el primero.

A veces yo tenía mal carácter y eso a lo mejor a Daniel lo superaba y me mostraba su superioridad pegándome. Yo no sabía cómo ayudarlo. Cuando hablábamos del tema su respuesta era la misma:

—Es que me enervas, me pones de los nervios. —Me decía.

—No te toco la cara porque llevas dentro un hijo mío. —Se atrevió a decirme en una de las discusiones.

Yo no podía entrar en su mente, no lograba averiguar el porqué de esa reacción hacia mí.

Toda persona que obra mal tiene un porqué, y eso es lo que yo intentaba averiguar, pero con él no podía.

El embarazo transcurrió bastante bien.

Durante ese tiempo no supe nada de Jacinto.

Era nuestro primer aniversario de boda y yo estaba muy ilusionada, era muy emocionante para mí, estaba ya en mi octavo mes de embarazo. Con mucha ilusión le compré dos jerséis preciosos de invierno y preparé una cena bonita y rica.

—¿Qué me habrá comprado? —Pensaba.

Cuando entró en casa su cara mostraba sorpresa, pero reaccionó.

—Me olvidé. —Me dijo.

—No te preocupes, cariño, no pasa nada, venga cámbiate y vamos a cenar. —Le dije.

Cuando le di su regalo me pareció que sí le había gustado, pero lo que a continuación sucedió me partió el alma y me marcó de por vida.

—¿Con qué lo has pagado? —Me preguntó.

—Con la tarjeta, Daniel. —Le dije.

Discutimos. Yo me preguntaba, ¿pero qué haces, Noelia, no te das cuenta de que este hombre no te quiere, a qué esperas a irte de su lado?

Pero no lo hacía. No sé el motivo. Estaba paralizada. No podía, no sabía qué hacer ni a quién acudir.

Me metí en la cama, me tapé la cabeza con la sábana y lloré. No podía hacer otra cosa.

Daniel se sentó en la cama a mi lado, pensé que venía a disculparse y me destapé la cabeza.

¡Qué ingenua fui!

Me traía mi bolso.
—Toma, saca las tarjetas de crédito. —Me dijo.
—¿Cómo, para qué? —Le pregunté.
—Tú sácalas. —Dijo él.

Al ver lo que llevaba en las manos me asusté muchísimo, parecía que el corazón se me iba a parar.

Llevaba en sus manos unas tijeras. Eran grandes, eran mis tijeras de costura. Creí desmayarme allí mismo.

Me arrebató de las manos las dos tarjetas y las cortó por la mitad.

—No tienes que usarlas. —Me dijo.

Preferí no hablar. Me mantuve en silencio. No sabía reaccionar, no podía, había algo en mí que lo impedía. Quería gritar, pero tampoco podía.

Yo trabajaba mucho, ganaba mi propio dinero y él se adueñó de todo, de todo absolutamente.

Estaba enjaulada, aterrorizada.

Seguía sin poder reaccionar, me hacía muchísimas preguntas, pero no sabía la respuesta, yo no sabía responderme.

Muchas veces pensé en contárselo a Jacinto, contarle lo que él ya sabía que sucedería, pero no podía enfrentar a los hermanos, no podía permitir que se peleasen, tenía que solucionarlo yo.

Otra vez esa frase en mi mente, se instaló y no me dejaba.

Noelia, qué haces, huye de aquí.

No podía hacerlo, estaba embarazada, no tengo a nadie, mis abuelos eran mayores y aún se hacían cargo de mis hermanos, era imposible, no tuve más remedio que aguantar el infierno que yo misma había elegido.

De pronto me vino a la cabeza alguien al que podía contarle lo que me estaba pasando y nunca diría nada.

Pensé en el Señor Camilo. Era el cura del pueblo y me conocía desde que me bautizó.

—Eso es, me escuchará y sabrá aconsejarme. —Me dije.

Probé a entrar en la iglesia a ver si él estaba allí.

Entré, no había nadie, estaba en penumbra y me senté en uno de los primeros bancos.

Lloraba en silencio, no podía parar. De pronto alguien se sentó a mi lado. Era Camilo.

Me abracé a él fuertemente y lloré desconsoladamente.

—Pero, hija, qué te pasa, esperas un hijo, debes estar alegre. ¿Qué te pasa, bonita? —Cuando pude hablar le conté todo lo me que atormentaba.

No podía creerlo, Camilo conocía también a Daniel y nunca hubiera imaginado que su comportamiento era tal.

—¿Por qué Dios me castiga, señor Camilo? —Le pregunté todavía llorosa.

—Noelia, bonita, Dios no castiga, tú y solamente tú tomaste la decisión de casarte con ese hombre, tenemos libre albedrío.

Pasamos hablando un largo rato, sabía que iba a mantenerlo en secreto, podía confiar en él.

Nació mi primer hijo, todo fue perfecto, maravilloso incluso.

Habían pasado tres meses y todo seguía perfecto, ni un mala palabra, ni un mal gesto, ni nada más.

Pensé que se había terminado ya ese infierno.

Una noche llegó de trabajar no demasiado alegre.

—¿Es que no sabes que no me gusta este tipo de sopa por la noche, no te das cuenta de que no me la como? —Me decía—. Si lo hago por ti para que no pases tanto rato en la cocina.

Yo había pasado un mal día en el bufet y también estaba agotada, pero él tenía ganas de discutir. Nunca me preguntó cómo me había ido el trabajo, nunca. Tuve miedo y cogí en brazos a mi hijo. Me acerqué a la ventana como tantas veces lo hice, la abrí de par en par, quería gritar, quería gritar con todas mis fuerzas para que alguien viniera a salvarme.

—No me toques que grito, vete. —Le dije.

Me aterrorizaba la idea de que a él le pasara algo malo, no quería eso para él, seguro que estaba enfermo y yo me resignaba a vivir eso.

—Suelta al niño. —Me repitió varias veces.

Yo no quise soltar a mi bebé, tampoco podía, porque entonces hubiera estado perdida.

Esa noche no pude dormir, pero tracé un plan, un plan que tenía que salir perfecto para huir de allí.

Cuando al día siguiente se marchó a trabajar dejé al niño en la guardería y antes de acudir al despacho fui a hablar con mi abuela, tenía que contarle lo que tenía pensado hacer.

—Hija mía, ¿estás segura?, hará lo posible por quitarte a tu hijo. —Me decía.

Ella le tenía mucho miedo y tampoco tenía claro cómo ayudarme, era muy mayor, pero la idea no le pareció mal.

Estuve todo el día nerviosa, tenía que salir bien, yo ya no podía aguantar más ese sufrimiento.

Eran las cuatro de la madrugada. Él dormía. Salí de la cama muy despacio. Tenía todos los enseres preparados para colocarlos en la puerta, solo tenía que coger a mi hijo y salir de esa jaula.

Mi bebé dormía plácidamente, lo envolví en una manta y me dispuse a salir de allí cuanto antes.

La llave de la puerta tenía que girar tres veces y ya estaría salvada.

Giró una vez, dos veces y cuando estaba a punto de ser libre Daniel apareció en mitad de pasillo con un grito.

—¿Dónde vas con mi hijo? Suelta al niño. —Me dijo.

—Ya no puedo más, te dejo, yo no merezco esta vida de sufrimiento que me estás dando.

—Me parece bien, pero suelta al niño ahora mismo, el niño se queda, vete tú si quieres.

No tuve más remedio que volver a mi cama, no podía de ninguna de las maneras abandonar a mi niño, no me lo hubiera perdonado nunca.

Quise morirme, sí, lo pensé.

Pasaron varias semanas.

No sabía si hablar con Mario o con Jacinto, tenía mucha confusión en mi interior.

Muchas veces cuando hablaba con Mario de los casos que llevaba me quedaba como paralizada ante él. ¿Se lo digo? —Pensaba.

—¿Quieres algo más, Noelia? —Me dijo Mario.

—No, Mario, tranquilo, pensaba en otra cosa.

Yo sabía disimular muy bien, incluso con los compañeros abogados me lo pasaba en grande, disfrutaba mucho de mi trabajo, nadie diría que en mi casa estaba padeciendo un horror.

Otra vez esa frase en mi mente, no se marchaba.—Noelia, ¿qué haces? Huye de aquí.

Con un bebé y con mucho miedo de plantarle cara, opté por seguir con él, pensaba que no tenía más remedio que soportar esa situación que yo misma había elegido. Nadie me obligó.

Hubo momentos bonitos también, pero ese daño y ese dolor ya estaban instalados en mi alma.

Daniel no estaba a gusto en el despacho, estaba peleado con muchos de los compañeros, no se llevaba bien con nadie.

—Mañana me marcho dos días a Madrid, le he pedido a Mario un curso y me lo ha aceptado. —Me dijo.

Yo no podía hacer cursos, a Daniel no le parecía bien, además tenía un bebé al que cuidar.

—Vale, me parece bien, ¿en qué hotel te instalas? —Le pregunté.

—Para qué quieres saber eso, qué más da.

Siempre hacía lo mismo. Pero yo tenía asumida ya su forma de ser.

En cuanto se marchó llamé a Jacinto, me armé de valor para contarle por todo lo que estaba pasando. Lo invité a comer a casa, era todo muy largo de contar.

Cuando entró por la puerta me lancé a sus brazos y no pude evitar llorar, no quise porque ya había llorado mucho, pero lo hice. Entró en casa y ambos caímos al suelo. Yo no podía parar de llorar. Jacinto me abrazaba fuerte.

—Abrázame más fuerte, no me sueltes. —Le pedí.

—No lo haré, mi vida, te dije que lo dejaras, que te haría sufrir. Me duele mucho verte así, mi niña. —Expresó.

—No puedo más, Jacinto, quiero dejarlo, pero haría lo posible por quitarme al niño. —Le dije entre sollozos.

—Tú sabes que eso no es así, Noelia, mi vida, eres abogada, reacciona. ¿Qué te está pasando con este tío?

No podía parar de llorar, cuando tuve algo de calma me armé de valor y lo besé. Le besé en la boca, y el respondió maravillosamente, no me había besado Daniel nunca así. Fue intenso. Con las mínimas fuerzas que yo tenía Jacinto me levantó del suelo y sin parar de besarme me llevó hasta la cama, allí me soltó con delicadeza.

Nos amamos toda la mañana, Jacinto era muy delicado, se notaba que me amaba de verdad. Acarició mi cuerpo de tal manera que me hacía temblar cada vez que deslizaba sus manos por mi cuerpo desnudo.

Fue increíble.

Jacinto se pasó todo el día conmigo, estuve feliz, necesitaba de su compañía.

Yo me hacía la misma pregunta una y otra vez, ¿cómo me pude enamorar de esa persona?, vi detalles antes de casarme que lo delataban, pero no quise darme cuenta, no quise.

Daniel volvió de su viaje. Pasamos varias semanas con mucha tranquilidad, incluso hasta de felicidad.

Ya está solucionado, ahora sí seremos felices. —Pensé.

Iban pasando los días y parecía que todo estaba calmado, hasta que llegó un segundo embarazo.

Fue también buscado, pero se complicó un poco porque me venían gemelos. Yo me asusté mucho, pasaban muchos pensamientos por mi cabeza, casi todos horribles.

No sé si podré aguantar esta situación y a este hombre que me trata tan mal. —Pensaba.

Yo sabía que no debía alterarlo ni molestarlo con mi mal carácter, porque entonces él se encargaba de avisarme.

Siempre tuvo la costumbre de cerrar el puño cuando le llevaba la contraria. De esta manera me avisaba de que no podía hacerlo ni mostrar mi descontento con nada.

El gesto estaba claro lo que significaba.

Ten cuidado.

Las bofetadas iban espaciándose en el tiempo, parecía que todo estaba llegando a su fin.

Mario era ya muy mayor y se jubiló. En su lugar pusieron a otro que nos amargó la existencia a muchos de los abogados, incluidos a Daniel y a mí.

Nos hacía trabajar turnos dobles, nos daban los peores casos, casos que debían de llevar los novatos. Habían colocado al mando del mayor bufete de Barcelona a una persona que tenía todos los defectos del mundo, un ser horrible, extraño.

Yo llegaba muchos días a casa exhausta, muy agotada mentalmente y siendo víctima de *mobbing*.

Sentía que no podía más, mi cuerpo empezaba ya a no responder.

En casa era peor. Allí recibía insultos "imbécil, subnormal, ignorante".

Yo quería huir, quería hacerlo, pero algo dentro de mí me lo impedía, además estaba a punto de dar a luz a mis gemelos, todo era imposible.

Empecé a rezar por las noches, no sé por qué, el cuerpo me lo pedía.

Llegó el gran día. Mis hijos nacieron. Fue uno de los días más felices de mi vida, ver a esas dos personitas ya en el mundo, pero tenía que pensar cómo salir del infierno en el que me había metido.

Todo tenía que pasar por sus manos, dinero, ropa, comida, todo.

Pero le di vueltas a mi cabeza y me ilusioné con un *hobby*. A mí me encantaba coser. Me apunté a un curso y era muy feliz, les hacía la ropa a mis hijos, me la hacía yo. Estrenábamos casi cada día, era mi pasión. Pero llegó el día que necesitaba una máquina de coser, mi profesora de costura me la dejaba a muy buen precio.

Me costó muchos meses convencerlo para poder comprarla.

—No es tan malo. —Pensé—. Ha accedido a comprarla.

Delante de nuestro hijo mayor muchas veces me insultaba y me trataba muy mal. Yo quería hacerle entender que no era buen ejemplo lo que estaba haciendo conmigo, y le pedía muchas veces que rectificara. Pero Daniel tenía en su cabeza la obsesión de ponerme en contra de mi hijo, siempre lo hizo, y lo consiguió.

Siempre me echaba la culpa de todo, nunca estuvo

contento con mi hacer.

Los hijos fueron creciendo.

Daniel ya no me miraba a la cara, no me hizo sentir mujer nunca. Jamás tuvo una bonita palabra que ofrecerme. ¡Me sentí tan mal!

Se nos presentó la oportunidad de cambiarnos de bufete con abogados de un pueblo de Barcelona no muy alejado. En aquella época estaba permitido el intercambio.

Primero lo haría Daniel y luego le seguiría yo.

Fue tan terrible lo que hizo Daniel que mi llanto no tenía consuelo, no lo tuvo durante mucho.

CAPÍTULO CUATRO
Intento de suicidio

Pasaban muchos días que casi no hablábamos, tampoco nos veíamos. Yo padecía mucho. ¿Dónde se metía? Llevaba a los niños al colegio y ya no volvía.

Yo me quedaba en casa preparando los casos que tenía que llevar ese día y haciendo las tareas del hogar.

Ese caso que tenía que llevar por la tarde lo cambié con un compañero, no podía atender a una mujer que quería separarse del marido porque la maltrataba, no podía aconsejarla. Yo estaba igual o peor, pero ese calvario algún día tendría su fin.

Me avergonzaba de mí misma, me llamaba cobarde.

Cuando conseguí hablar con Daniel ya había hecho el cambio de bufete con el otro abogado.

—Bueno ahora me toca a mí. —Le dije.

—Sí, claro, primero yo, que no puedo soportar tanta presión, y en un tiempo prudencial empezamos con tu intercambio.

Sonaba convincente.

Solo un tiempo más y podré trabajar con normalidad, tendré paz. —Pensé.

Habían pasado varios meses ya y no se hablaba del tema.

—Daniel, ya no puedo más, voy a morirme de seguir en estas condiciones, no lo soporto más. —Le dije.

Las fuerzas me fallaban, mi vida era un auténtico caos. Se me pasó por la cabeza varias veces terminar con ese sufrimiento. Era insoportable.

—Quiero hacer el intercambio ya. —Expresé con genio.

Lo que a continuación sucedió, me partió en dos, me hirió tan profundamente el alma que aún después de muchos años sigue herida.

—Tú no vas a hacer ningún intercambio. —Me dijo—. Allí conmigo no vendrás nunca.

Creí morirme. ¿Qué estaba pasando?

Quise hablar con él, que me explicara por qué de ese cambio, por qué esa decisión, su decisión.

Las palabras no me salían, el corazón se me aceleró, pero mantuve el tipo.

—Pero, cariño, eso no era lo que habíamos hablado tú y yo. —Expresé con la voz rota de dolor—. ¿Recuerdas?

—Mis nuevos compañeros abogados me han aconsejado. Me han explicado que no es bueno trabajar con la mujer, que no es conveniente. —Dijo sin inmutarse.

Ante su respuesta mi cuerpo reaccionó. Un temblor extraño empezó a recorrerme, a la vez que un sudor frío se apoderaba de mi parte superior. Mi cabeza parecía que iba a explotar.

Ahogada en un llanto incontrolable cogí el coche para irme de allí, tenía que desaparecer cuanto antes.

Hui con unas intenciones desafortunadas y muy dolorosas de haberlas llevado a cabo, pero yo ya no podía más. Llevaba sobre mis hombros un peso muy grande, demasiado grande para una chica tan joven.

Llovía muchísimo, pero no me importó. Llegué hasta el coche empapada.

Casi no podía ver la carretera. Sabía que a unos pocos kilómetros había un terraplén. No había otra solución. Apreté el acelerador tan fuerte como pude.

—Ya está, dejaré de sufrir. —Pensé.

Pero algo me frenó en el último momento.

—Mis hijos, mis hijos. —Dije en voz alta—. No puedo hacerles esto.

Un poco antes de llegar al terraplén paré a un lado de la carretera. Seguía lloviendo mucho.

Empecé a lanzar gritos desgarradores dentro del coche durante unos segundos, golpeaba el volante con los puños cerrados. Era un ataque de rabia, de ira.

Me lesioné las manos mucho, pero no sentí dolor.

Ya estaba empezando a parar de llover. Junto a la ventanilla del conductor, tocó al cristal un hombre. Parecía un vagabundo.

Bajé un poco el cristal. —¿Qué quiere?, váyase por favor. —Le dije, secándome las lágrimas.

—Que se vaya. —Le grité.

—No voy a irme, no llore más. —Me dijo el hombre desconocido.

Me fijé en sus ojos, eran extraños, pero a la vez profundos.

—¿Sabes una cosa? —Me dijo—. Tomarás la decisión correcta y llegarás a ser feliz, pero fíjate bien.

Pero qué estaba diciendo aquel hombre, quién era. Ese vagabundo era extraño, estaba empapado. Pobrecillo. —Pensé.

Cuando desapareció volví a llorar, quería llorar, necesitaba hacerlo.

Me dormí. Desperté después de varias horas. Ya no llovía.

Tenía que volver a casa.

Los niños ya dormían y Daniel miraba la televisión.

Sin mediar palabra me acosté, no preguntó dónde estuve, tampoco tenía intención de hablar con él, ya no podía ni quería hacerlo.

Estaba muy agotada del día y sobre todo de llorar del disgusto que tuve, pero aún no había terminado, todavía Daniel tenía fuerzas para seguir humillándome.

Entró en la habitación, pero yo me hice la dormida. Me negaba a hablar con él.

Daniel abrió su parte del armario y soltó un soplido.

—Pufff qué es lo que ha hecho esta aquí, la que ha liado.

Yo me había pasado parte de la mañana planchándole las camisas y se las había colocado en perfecto orden dentro del armario.

Ya no pude más y monté en cólera.

Me levanté de la cama y le planté cara.

—Ten cuidado. —Me advertía.

—¿Por qué me haces esto, por qué me tratas así? ¿Crees de veras que yo merezco este trato? —Le dije.

—Pues que no te pase nada, aún no he empezado contigo.

Dios, me estaba amenazando en mi cara, y yo seguía sin reaccionar. ¿Noelia, pero qué te pasa?, haz algo. Esa voz en mi cabeza otra vez, no paraba.

A medianoche se levantó en silencio y se marchó.

Cuando regresó por la mañana yo ya estaba en la puerta esperándolo.

Aquí se acabaría todo. —Me dije.

—Dime dónde has estado, dime la verdad ya, acabemos con esto.

—Sí, te voy a decir la verdad. —Dijo en tono chulesco.

—He conocido a otra mujer.

Eso me partió el corazón, pero era hora de enfrentarse a ello y terminar cuanto antes.

—¿Te has enamorado de esa mujer? —pregunté.

—Es muy importante para mí. —Contestó Daniel.— Pero yo te quiero a ti, aunque si me pides la separación, lo entenderé.

A pesar de tener el corazón en mil pedazos, por mi cabeza pasaba la idea de perdonarlo.

¿Por qué pensaba eso, si no era feliz con él?, yo quería dejarlo. Muchas dudas me asaltaban.

Dejé pasar varios días, tenía mucha confusión en mi mente, pero llegó la hora.

Fui valiente, recogí mis cosas y me marché con mis hijos.

Ni si quiera me despedí, ya no hacía falta.

Me fui directamente a casa de mis abuelos, mi abuela sabía que tarde o temprano iba a suceder, aunque ella le tuvo siempre mucho miedo, me ayudó para que dejara atrás tanto sufrimiento.

Con el corazón roto fui a un compañero de profesión para que me llevara el caso.

Cuando el abogado contactó con Daniel, este no tardó en aparecer.

Su salida fue una amenaza indirecta. Me llamó por teléfono para hacérmelo saber.

—Ten en cuenta que nuestros hijos querrán estar conmigo y si no vendemos el piso iremos bajando precio hasta que se haga. Yo sé que no soy muy buen abogado, pero tengo colegas que sí lo son.

A pesar de creerme una mujer débil ante él yo también era abogada y tenía muy claro que esto iba a ser una lucha sin fin, no iba a permitir que siguiera avasallándome.

Aunque tenía muchos momentos de debilidad, muchas veces creí desfallecer porque sabía que si el Juez llamaba a los niños, estaba perdida.

Esto me tenía muy preocupada, ya que Daniel siempre se los llevó a su terreno. Hacía lo imposible por discutir siempre delante de ellos, de dejarme mal e incluso de insultarme.

Me derrumbé ante mi abogado.

—Pero si yo soy buena madre, los atiendo, me he desvivido por ellos, todo lo hago por ellos. —Le decía.

Pero estas cosas son así, mientras los hijos son pequeños ellos no entienden muy bien lo que ocurre.

Lo cierto es que yo tenía una inmadurez impropia de mi edad, y algo de cobardía, lo sé.

Pero cuando todo estaba muy avanzado ya, entró en mí el terror.

Caminando por la calle cabizbaja sentía que todo estaba perdido, no sabía qué hacer, ni a quién acudir. Pensé en Mario, pero estaba jubilado, ya era muy mayor, no podía ir con mis problemas.

Me topé de lleno con Daniel, no pude esquivarlo. Sin esperarlo me pidió perdón y me abrazó en la calle como nunca lo hizo.

Estuvo abrazado a mí durante un largo rato.

—Perdóname. —Me decía—. Todo cambiará a partir de ahora.

Tuve que creerle, no tenía otra.

Los peores años aún no habían hecho acto de presencia.

Ya no podía contar con mis abuelos, no era justo para ellos el cargarles con lo que yo no era capaz de solventar.

¿Seguiría con esa mujer, lo habrían dejado, me estará engañando otra vez?, todas estas preguntas rondaban por mi cabeza a todas horas.

No podía dejar de pensar en ello, me regodeaba en mi pena.

Cuando llegó el verano alquilamos un pequeño apartamento en la costa brava frente al mar. Era un paraíso. Un apartamento con todo lo necesario para vivir una familia. Tenía una inmensa piscina donde los niños disfrutaban mucho. Daniel casi nunca se bañaba. Parecía no tener alegría por nada.

Yo sufría pequeños ataques de ansiedad, muchas veces me daban delante de él, pero Daniel no se inmutaba.

¡¡Me sentí tan sola!!

La pena me devoraba por dentro. No tenía a quién acudir, estaba sola.

Cuando hablaba con él para mostrarle mi dolor él se encargaba de acentuar mi ansiedad y mi desconfianza.

—Piensa lo que quieras. —Me decía.

Yo le preguntaba por esa mujer, tenía angustia, quería saber, tenía derecho a saber, pero él se lo tomaba como un ataque personal, y el problema era que yo no estaba bien.

No supo verlo, no quiso entenderme.

Yo no merecía ese dolor, pudo hablar conmigo, pero no lo hizo. Ya no volvió a abrazarme nunca más.

Una noche cuando los niños ya estaban acostados nos sentamos en el sofá. Parecía que iba a ser una velada bonita. Pero se convirtió en un infierno.

¿Por qué tuve que sacar otra vez el tema? Fue culpa mía, pero yo estaba muy mal y él parecía no darse cuenta.

Unos simples abrazos hubieran bastado.

Sin esperarlo se levantó de golpe y yo le seguí.

—Ya no puedo más. —Me dijo.

Él cerró su puño derecho, yo cerré mis ojos. Me dio con el puño cerrado tan fuerte en mi oído izquierdo que durante años este sufrió mucho.

Me quedé atónita, no sé si sentí dolor. Quise gritar fuerte, pero me quedé muda.

Me empezó a dar como un ataque de ansiedad, mi respiración se paró, me estaba muriendo. —Pensé.

CAPÍTULO CINCO
En busca del vagabundo

El llanto era incontrolable, no podía parar.

—¿Es que quieres que muera, eso quieres? —Pregunté sin poder parar de llorar.

—No me grites, no se te ocurra gritar y despertar a los niños. —Me decía.

Estaba viviendo con un monstruo. Pude verlo por fin, pero tenía pánico.

Me fui a la cama rota por el dolor, pero no el físico. Pensé en llamar a la policía pero no me atrevía, me quedaba paralizada. No sabría explicar lo que me pasaba, yo aconsejaba a mujeres, les decía que fueran valientes y salieran de ese infierno. ¿Qué era lo que me estaba pasando, por qué no podía hacerlo conmigo?

Me metí en la cama en silencio y me vino a la memoria el vagabundo que se me acercó.

¿Quién era aquel hombre?, ¡¡¡me decía unas cosas tan raras!!!

Que me fijase bien, que tomaría la decisión correcta y que me llegaría la felicidad. ¿Que me fijase en qué? Ese hombre era un loco. Estaba muy tatuado.

Recuerdo que en el interior de la palma de su mano cuando la puso en la ventanilla tenía tatuado el número siete.

Era la primera vez que veía un vagabundo tan joven y tan tatuado, estuve impresionada unos días.

Mientras el sueño me vencía pensé en volver a la zona para buscar a aquel extraño hombre.

Daniel se metió en la cama y me abrazó pidiéndome perdón. Ni me inmuté, ya no quise saber nada de ese ser tan despreciable que se encontraba a mi lado.

—Perdóname. Lo siento.—Me dijo.

En esos momentos ya estaba empezando a tomar decisiones y a clarificar mi mente.

Cuando al día siguiente me levanté, me entraron ganas de coger a mis hijos y marcharme, pero pronto cambié de opinión.

Me las ingenié para que se los llevara a la playa. Me entró mucha curiosidad y fui en busca de aquel loco. Tenía que encontrarlo como fuese.

Cogí el coche y fui en dirección al mismo lugar. Me acerqué hasta un pueblecito de la zona y estuve preguntando un largo rato a las personas que allí habitaban. Nadie lo conocía.

No logré encontrarlo. Lo cierto es que estaba muy intrigada, y cada vez más.

Encontré una mujer paseando a sus perros y me atreví a preguntarle.

—Buena mujer, una pregunta, mire estoy buscando a un chico joven que va muy tatuado y que tiene pinta de vagabundo, ¿lo ha visto usted por aquí, sabría decirme?

La mujer rio.

—Mira, hija. —Me dijo—. La más joven de por aquí soy yo y tengo setenta y cinco años.

Di una vuelta más, pero no aparecía. Volví a casa.

Volvimos a la normalidad del trabajo.

Margarita era una nueva compañera abogada que habían contratado ya experimentada y que además tenía la carrera de psiquiatría. Me encantaba. Podría hablar con ella del tema que también me apasionaba, la mente.

Conectamos desde el primer día, pero creo que ella ya vio en mí algo extraño.

A veces tenía ataques de pánico, pero no podía permitir que ninguno de mis compañeros se diera cuenta. La única manera que encontraba para desahogarme era encerrarme en uno de los despachos de la planta superior a llorar.

Estaba mal, yo era consciente de ello, pero estaba bloqueada, no podía pensar. Quería dejar de inmediato a Daniel y olvidarme de él, pero no podía.

Subía arriba y lloraba, lloraba mucho. Me sentía muy triste y desolada.

Si mis padres hubieran vivido me ayudarían con este problema. —Pensaba. Yo no puedo sola.

De pronto una voz:

—Noelia, Noelia, te estoy escuchando llorar, dime dónde estás. —Preguntaba Margarita.

Me había seguido hasta el despacho de arriba. Cuando entró yo estaba sentada en el suelo en un rincón. No había muebles. Mi rato de descanso lo dedicaba a llorar, era mi manera de desahogarme. Margarita entró de golpe y se sentó en el suelo a mi lado.

—Sé por lo que estás pasando, Noelia. —Dijo.

Me abrazó un largo rato. Necesitaba que me abrazasen.

—Eres un caso claro de manual, lo supe desde que te miré a los ojos. Esa tristeza profunda en una niña tan joven no puede ser otra cosa. Pero, cariño, yo me ofrezco a ayudarte.

Desde entonces todo empezó a cambiar. Subíamos casi cada día al despacho superior. A veces reíamos, a veces llorábamos. Me hacía terapia sin casi darme cuenta, y lo más gracioso es que estábamos en el suelo, pero no nos importaba.

Sentía mucho desahogo cuando hablábamos, después podía seguir trabajando sin estrés, y lo más increíble de todo es que empezaba a hacerle frente a Daniel.

A partir de entonces, cualquier improperio que salía por su boca, yo tenía palabras sabias con las que le respondía.

A veces, él se me quedaba mirando sorprendido. Le parecía extraño que empezase a despertar.

Siempre me avisaba de que no me fiara de nadie, que no contara las cosas de casa, intentando por todos los medios que me relacionara poco con las personas.

Yo sabía que esta es la manera que utilizan las personas que someten a otras para separarte de todo y todos, así tienen el control siempre.

Tenía una dependencia inusual, eso no era normal, era inmadura, lo sé, pero que no era capaz de dar un paso hacia mi libertad, me resultaba bastante sorprendente.

A Daniel siempre le creí, hasta que conocí a Margarita. A ella se lo expliqué todo. Desde luego fue un desahogo muy grande. Le di gracias a Dios, yo siempre lo hacía. En silencio lo hacía, sentía la necesidad.

Muchas veces cuando le contaba los casos que padecía, Margarita gesticulaba mucho, se ponía las manos a la cabeza.

—Es increíble, niña, lo que estás padeciendo y lo que has padecido. –Decía—. Yo voy a ayudarte a que puedas salir de este terror que estás viviendo, que tu edad es para disfrutarla y no malgastarla con una persona que te somete y no te deja vivir, no es justo, y voy a ayudarte.

Ella fue mi salvación, siempre se lo agradeceré. Si tú no puedes con algo, siempre hay alguien que sí que puede ayudarte.

Le conté un caso que me dolió muchísimo, pero me pidió que parara.

—Aparte de pegarme bofetones y de insultarme muchas veces, me fue infiel, ¿sabes?

Margarita soplaba.

—Pero si yo te quiero mucho, ¿por qué me has hecho esto, Daniel?, —le contaba yo a Margarita.

Mejor que me quieras. —Decía Daniel—. De esta manera cuidarás bien de mis hijos.

—Para, por favor, Noelia, no quiero escuchar nada más. —Decía Margarita—. Tu marido tiene un trastorno mental, está lleno de complejos y te ha sometido siempre para que no sobresalgas por encima de él, no lo hubiera soportado.

—Pero, cariño, ya está, ahora vamos a solucionar esto y vas a aprender a vivir, te lo aseguro.

De esta manera pasó el tiempo, pero a Margarita la trasladaron a otro bufete en otra comunidad, aunque no perdimos el contacto nunca.

Yo ya estaba empezando a cambiar y a ver la vida con otros ojos, la vida estaba respondiéndome. Empezaba a estar más segura de mí misma.

De esta manera pasaron aún varios años, aunque el maltrato psíquico estaba siempre presente y esas heridas tardaban mucho más en curar.

Pero todavía no me quería lo suficiente, aún no me respetaba a mí misma para dar el gran salto.

—Daniel, ya no puedo más. —Le decía—. Creo que estaríamos mejor si nos separásemos, necesitamos ser felices.

—Ve y hazlo, pero hazlo hasta el final. —Me decía.

Ante esta petición yo esperaba que reaccionara de otra manera, esperaba un abrazo que nunca llegó.

El amor se me terminó desde hacía mucho tiempo, muchísimo. Yo llegué a quererlo mucho, pero él a mí no.

Daniel siempre atacaba, nunca tuvo intención de solucionar nada.

—Ten en cuenta que los niños se querrán venir conmigo. —Decía siempre.

Tan pronto como pude llamé a Margarita, era muy mayor, pero estaba lúcida y pensaba con claridad.

—Noelia, cariño, aunque los niños quieran irse con él, qué más da. ¿Quieres morirte en vida? —Decía Margarita. Los niños son mayores, ya entienden.

Volví de nuevo a armarme de valor. Recogí todas mis joyas y las vendí.

Tuve que hacerlo, necesitaba dinero para afrontar lo que pudiera venirme.

Cuando se lo dije volvieron los insultos.

—¿Qué has hecho con mis joyas?, eran mías. —Repitió Daniel varias veces.

—No te equivoques, son regalos que tú me has hecho, por lo tanto, son mías y hago con ellas lo que quiera.

Encontré el valor de enfrentarme a él, ya tenía claro en mi mente que quería huir de él lo más lejos posible y empezar de nuevo.

Mis hijos eran mayores, pero no lo suficiente para dejarlos con él, aún necesitaban a la madre, no podía dejarlos.

Los días iban pasando y sin saber por qué me fui viniendo abajo de nuevo.

Tenía como un bloqueo mental, nunca podía avanzar en mi decisión, siempre volvía con él.

No sé exactamente cuál era mi temor, si a la soledad, al qué dirán o si el miedo a no ser querida por nadie, nunca lo supe.

Cuando volví a su lado sabía que era un error, un error muy grande, que no íbamos a acabar juntos, pero lo hice.

Durante mucho tiempo después estuvo martirizándome echándome en cara lo de las joyas.

—Me has robado las joyas. —Decía.

Volvieron tiempos felices, pero cuando todo parecía ir sobre ruedas, volvió a torcerse.

Un día tuvo suerte y le tocó un premio en la lotería de cinco mil euros.

Nos pusimos muy contentos.

—Ahora te podrás currar una pulsera bien bonita para tu mujer. —Le dije a Daniel.

—Eso no lo verán tus ojos. —Dijo inmediatamente.

Estaba bien claro que la decisión que tomé referente a las joyas me la recordaría por siempre.

Un día sin saber el porqué, me levanté muy animada y aproveché para intentar sentirme bien, ser feliz, y acudir al trabajo con ánimos.

Esa mañana vino al despacho una mujer un tanto extraña, no la había visto nunca por el pueblo.

Dos golpes suaves se escucharon en la puerta.

—¿Se puede? —Preguntó la mujer.

—Sí, adelante, por supuesto. —Le dije.

Según iba esa mujer caminando hacia mí me daba la sensación de que la conocía, su cara desprendía paz, tranquilidad. Ella era una mujer de unos sesenta años, con el pelo largo blanco muy bien cuidado y vestía en tono color pastel.

—Buenos días, soy Celeste. —Dijo en tono muy suave.

Me estuvo contando un largo rato su problema. Ella tenía una granja a las afueras de la ciudad que utilizaba como retiro y descanso espiritual para aquellas personas que lo necesitasen.

—Quiero dejar mi negocio a una persona que va a saber llevarlo y que es su misión hacerlo y quisiera saber los trámites legales para poder llevarlo a cabo, y me han hablado muy bien de usted a pesar de su juventud.

—Muy amable por depositar su confianza en mí, Celeste. —Le dije.

Algo raro me estaba pasando, esa mujer me miraba y hubiera querido que siguiera hablando siempre.

Estaba agotada, ya no sabía ni lo que pensaba ni lo que decía.

—Bien. —Le dije—. Pues vamos a empezar con el expediente y nos ponemos manos a la obra.

Cuando finalizó la reunión, Celeste me entregó una tarjeta donde rezaba su nombre y la dirección del Centro Espiritual.

—Gracias, Celeste, seguimos en contacto.

La acompañé hasta la puerta y nos despedimos con dos besos.

Cerré rápidamente porque me entró un escalofrío que me recorrió el cuerpo.

Ella me habló de unos sobrinos que tenía en otra comunidad.

Quizá el negocio se lo quería dejar a ellos, aunque no me lo dijo. —Pensé.

Pasaron unos días y decidí ir a visitarla. La llamé para advertirla, pero me dijo que no era buena idea.

—Noelia, cariño, mejor que no vengas, no podría atenderte, ahora mismo estoy ocupada en reconstruir vidas, vidas rotas, ya me pondré en contacto contigo.

Me pareció un tanto extraño, pero me conformé.

Terminé del despacho y me marché a casa.

Ya no nos profesábamos ninguna muestra de cariño, era siempre lo mismo.

Yo estaba muy cansada de todo el día y solo quería cenar y marcharme a la cama. Las conversaciones eran casi inexistentes y yo ya no tenía ningunas ganas de tener sexo con Daniel, ya no podía.

Él me echaba la culpa por la falta de sexo, pudiera ser que tuviera razón, yo no tenía ganas, pero Daniel, tampoco.

¿Cómo podía estar con una persona que ni siquiera me miraba a los ojos?

Al día siguiente me tomé el día libre, necesitaba tiempo para mí. Lo dejé todo y fui a despejarme.

Mi abuela me llamaba muy a menudo para interesarse, yo le quitaba hierro a los problemas e intentaba disimular. Lo hacía bien, incluso podía hasta reírme a carcajadas, no podía permitir que mi abuela que era ya muy mayor sufriera por mí.

Aunque Celeste me dijo que de momento no fuera a visitarla, a mí me intrigó mucho, y no pensaba hacerle caso. Yo ya estaba empezando a tomar mis propias decisiones y hacer lo que creyera oportuno.

Cogí mi coche y me dispuse a ir en busca de la granja de Celeste.

Conducía plácidamente y de repente di un volantazo, se me cruzó un animal bastante grande y me asusté muchísimo yendo a parar a un área de descanso. Solo fue un susto, creo que fue un jabalí, pero no estaba muy segura. La gente que se encontraba allí descansando se interesó por mi estado.

—¿Estás bien? —Dijo una pareja que estaba comiendo.

—Sí, gracias, solo ha sido el susto. Gracias por preguntar.

Salí del coche y di un paseo, ahí fuera había vida, tremendos paisajes ante mis ojos, todo tan verde y bonito, arboledas interminables a la vista, montañas, pueblecitos a lo lejos.

¡Dios lo que me estaba perdiendo!, atendiendo siempre a todos menos a mí.

Me senté en un banco y respiré, cerré los ojos e intenté aquietar mi mente sin pensar en nada.

Cuando volví al mundo se hallaba a mi lado alguien sentado. No podía creer lo que estaba viendo.

—Otra vez usted, ¿pero qué es lo que quiere de mí?

Se me pasó por la cabeza que ese hombre pudiera ser alguien de algún centro mental cercano, no podía ser otra cosa.

—Quiero ayudarte.

—¿Ayudarme?

CAPÍTULO SEIS

El terapeuta

¡*E*se hombre era tan raro!, se le veía relativamente joven, con barba de varios días. Era el vagabundo que me habló el día que quería terminar con mi vida.

Lo cierto es que reparé en sus ojos y eran profundos, a la vez que muy extraños, pero no entendía por qué ese hombre parecía que me persiguiera.

—¿Ayudarme a qué, quién es usted, de qué me conoce? —Insistí.

ÉL solo asentía con la cabeza. Por fin habló.

—Alguien me habló de ti. En ese momento me vino a la cabeza Mario.

Mario lo conocería y le debió de explicar algo. —Pensé.

—¿Quién le habló de mí, Mario?

Negó con la cabeza.

—Mire, me está asustando, yo no tengo nada que hablar con usted, márchese por favor.

—No tengas miedo, solo tienes que confiar.
—Vale, ya sé, te ha mandado Margarita para saber cómo estoy de verdad, ¿ha sido ella?

Negó con la cabeza otra vez.

—Me presento, me llamo Gabriel, y vivo en aquella colina de allí, al lado de la granja de Celeste, una gran amiga mía.

—¿Celeste? Qué casualidad, yo también la conozco.

Yo sonreía, aunque no estaba entendiendo aún nada.

—Quería preguntarle una cosa que me tiene intrigada. —Dije.

—¿El qué?

De repente mi teléfono sonó. Rebusqué en mi bolso.

—Dime. —Era Daniel.

—¿Dónde estás?, me podías haber dicho que tardarías en llegar.

Colgué el teléfono, no iba a darle ninguna explicación, ya estaba muy harta de él.

Cuando giré la cabeza Gabriel ya se había marchado.

—Que tío más raro. —Me dije.

De hecho pensé que podía ser Psicólogo o terapeuta por su forma de hablar y expresarse.

Ya se hizo tarde para ir a visitar a Celeste, siempre pasaba algo y no podía ir a verla.

Cogí el coche y me dispuse a ir a casa. Allí me esperaba lo de siempre.

Ya no tenía ningunas ganas de dar explicaciones a Daniel ni de hablar de nada. Solo quería llegar, ver a mis niños y descansar.

Según conducía sentía paz, tranquilidad, me encontraba como más abierta a la vida, algo estaba cambiando en mí y en la manera de verlo todo.

Tuve un *flash*, me vino a la memoria la pobre Valentina, le perdí la pista, y a las pobre niñas también, fue una pena, pero en cuanto tuviera un poco de tiempo iba a ir a buscarlas, necesitaba saber, aunque en el fondo creí saberlo siempre.

Estuve pensando en volver a plantearle otra vez lo de la separación a Daniel, era tremendamente necesario.

—Hazlo. —Esa era su respuesta.

Ya no nos mirábamos a la cara, cuando yo lo hacía, él bajaba la cabeza.

—Puto cobarde.

Pero en el fondo de mi corazón aún esperaba un abrazo, de esos que te quitan la respiración, de los que parece que te van a partir en dos. Pero nunca lo hizo. Nunca.

Se me ocurrió buscar ayuda psicológica, tenía que hacerlo, si no de lo contrario acabaría enloqueciendo, era todo demasiado para mí.

Contacté con Margarita y ella me envió a un tal Eduardo que precisamente impartía clases a pocos kilómetros del despacho.

Al día siguiente desde mi despacho le llamé con tranquilidad y concerté una cita. Tuve que explicarle de forma rápida cuál era mi problema. Me dijo que antes acudiera a una de sus clases de terapias grupales, ya que me iría bien interactuar con mujeres que estaban pasando por lo mismo que yo.

Llegó el día de la clase, estaba nerviosa. Todas las mujeres que allí se encontraban hablaban muy bien de él, al parecer las ayudaba mucho y era un gran terapeuta. Cuando Eduardo entró en clase nos saludó a todas de una en una, era muy amable y cariñoso.

Cuando terminamos la terapia a mí me dijo que me quedara un momento para abrirme ficha y preparar una primera entrevista personal.

Era un hombre de unos cuarenta y cinco años y según observé en la clase sabía perfectamente de lo que hablaba, sabía hacer su trabajo muy bien.

Lo cierto es que me impacté de lo bien que lo explicaba todo.

Sus ojos eran muy profundos y tenía un encanto especial.

No quise decírselo a Daniel, a él no le importaba lo que tenía que hacer yo para poder superar el daño que me había causado.

Ya tenía tremendamente claro que no quería seguir con él, ya no le quería y tenía que buscar la manera de salir de esa jaula sin barrotes donde estuve encerrada durante veinte años.

Hubo posteriores visitas con Eduardo, nos entendíamos a la perfección, nos compenetrábamos muy bien, a veces nos comportábamos como críos. Empezamos a mandarnos mensajes en los que aparecían muchos corazones, empezaba a haber atracción.

—Noelia, me gustas mucho, esto que siento no me había pasado con nadie, no sé qué me pasa contigo, perdóname si te he molestado. —Expresó Eduardo.

Mi corazón se puso a mil, ambos sentíamos lo mismo, parecíamos quinceañeros.

Cuando leía sus mensajes me ponía muy nerviosa, como si Eduardo desde el otro lado del móvil me estuviera mirando, había fuego dentro de mí.

¡Era tan bonito de sentir!, ya no recordaba lo que era eso.

—Sueño con volverte a ver. —Me decía en uno de ellos—. Tengo muchos besos para darte.

Yo quería vivir intensamente lo que Eduardo me estaba ofreciendo, él me estaba empezando a gustar mucho.

Ya era hora de ponerle a Daniel las cartas sobre la mesa, no había lugar a dudas, la decisión había sido tomada.

Los niños hacía rato que dormían. Una de las veces que sí nos miramos a la cara se lo solté.

—Mira, Daniel, ya no te quiero, y no quiero seguir a tu lado. A partir de hoy mismo dormiremos cada uno en una habitación.

—De acuerdo. —Dijo él.

Me estaba perdiendo y su respuesta era: "De acuerdo". Posiblemente creyera que sería otro conato de separación, una trola.

Fui siempre muy dependiente de él, no sé por qué le di ese poder sobre mí, no lo sé.

Fue siempre tan frío, ¿es que no tenía sangre en las venas? Pude, al final, aún con el corazón roto encontré fuerzas y lo hice.

Fue muy duro los primeros días el ver esa frialdad por su parte, pero aunque hubiera necesitado de sus abrazos, la decisión estaba tomada y muy meditada.

Me ilusioné con Eduardo y ese hombre me llenaba mucho y me correspondía como un verdadero hombre.

Llamé a mi abuela y le conté mi decisión, ella le tenía mucho miedo, siempre se lo tuvo, tenía miedo de la manipulación que había hecho siempre con los niños, pero estos ya eran adultos, ya me entendían perfectamente aunque alguno no compartiera mi decisión.

Aún pasaron seis largos meses conviviendo con Daniel. Él ni se inmutaba. Fueron unos meses tranquilos, hablábamos lo estrictamente necesario, pero había ratos en los que me invadía una pena tremenda.

Yo quise mucho a Daniel, mucho, pero yo no me valoraba lo suficiente. Estaba dejando escapar a una gran mujer, a la madre de sus hijos, a una mujer que lo quiso mucho y bien.

Sí, me estaba dejando ir.

Pronto empecé a ver a Eduardo con asiduidad, la relación estaba empezando a consolidarse.

Al principio creí que Eduardo sentía pena por mí, pero según iba pasando el tiempo, ese temor desapareció.

Él también tuvo una vida dura, pero supo renacer y emplear sus fuerzas para ayudar a otros.

Cuando nos veíamos, nuestros corazones palpitaban al unísono.

Muchas veces lo único que hacíamos era abrazarnos y acariciarnos, los dos estábamos carentes de ello.

Me contó que en ocasiones colaboraba en un centro a las afueras atendiendo a personas que les costaba mucho afrontar el día por divorcios.

—¿En las afueras? —Pregunté sorprendida.

—Sí. —Respondió él.

—Madre mía, ¿no me digas que en el centro espiritual de Celeste?

La cara de Eduardo era toda una sorpresa.

—Sí, con Celeste, qué casualidad, es una amiga mía desde hace muchos años, gracias a ella superé un gran trauma.

Yo estaba encantada, sonreía sin parar. Me hizo mucha ilusión.

—A Celeste la conocí hace poco tiempo, vino a verme al despacho, le llevo un tema, y me pareció una gran mujer. He querido ir a visitarla un par de veces, pero siempre pasa algo y nunca puedo acudir a verla, la última vez que no pude ir fue por un tío más raro que ya van dos veces que aparece en mi camino.

—¿Cómo que aparece en tu camino, quién es ese hombre, Noelia?

—Sí, un vagabundo que me decía unas cosas muy raras que no entiendo.

—¿Un vagabundo por aquí? Qué raro. —Dijo Eduardo.

Le expliqué a Eduardo los dos encuentros con ese hombre tan extraño, pero olvidé decirle lo más importante. La famosa frase cuando mi desesperación fue tal que intenté acabar con mi vida.

De haberlo hecho, Eduardo empezaría a intuir qué era lo que estaba pasando, aunque Celeste...

Regresé al trabajo, y otra sorpresa me estaba esperando.

Todo empezaba a encajarse, cuando me decidí a coger las riendas de mi vida encontraría en el camino personas y situaciones que me ayudarían en el gran cambio.

En el despacho se encontraba ella.

—Hola, Celeste, ¿cómo tú por aquí?—Dije.

—Vengo a verte, guapa. Quería proponerte algo, creo que eres la candidata ideal para mí, he estado pensando mucho en el tema y creo firmemente que sería lo tuyo, de verdad.

—De qué me hablas, Celeste, ahora me he perdido. —Sonreí—. ¿Sabes ya a quién vas a dejar tu negocio?

Desconocía lo que el destino tenía preparado para mí.

Celeste sabía perfectamente quién era yo, esta chica que ejercía de abogada y que había padecido tanto en mi recién estrenada vida.

Todo lo padecido iba a ser recompensado.

Ambas nos abrazamos cariñosamente. Celeste era una mujer muy dulce, podías perderte en su mirada. En la profundidad de sus ojos había algo, algo extraño, pero a la vez precioso. Esa mujer escondía un gran secreto, uno tan grande que pensé que solo se trataba de una frase hecha.

CAPÍTULO SIETE
La propuesta

Una vez sentadas Celeste comenzó a hablar.
—Mira, Noelia, lo que te propongo es lo siguiente: tú aquí no estás a gusto, esta no es tu misión, cariño, tú has venido a otra cosa.

—¿Misión? —Dije con media sonrisa.

—Claro, sé que aquí no estás bien, no puedes tratar en un despacho frío a mujeres que son víctimas de malos tratos. Esas personas necesitan de un ambiente muy especial y delicado.

Yo escuchaba atentamente.

—Por Dios, habla ya, Celeste, que me va a dar algo. —Expresé en tono gracioso.

—¿Qué te parecería si esto que desarrollas aquí lo hicieras allí conmigo en mi centro espiritual junto a otros terapeutas, estarías dispuesta?

—Me dejas de piedra, Celeste. ¿Qué te hace pensar que no estoy a gusto aquí?

—Porque a mí no me engañas, guapa, tu cara me lo dice todo, tú estás pasando por un infierno, y este no es tu lugar. Ya estás preparada.

No me pareció mala idea lo que estaba escuchando, pero tenía que pensarlo.

Ya había decidido dejar a Daniel, estaba convencida, con todo el dolor de mi corazón iba a hacerlo.

Cuando llegué a casa aún albergaba esperanzas de que Daniel me abrazara, de que se dignara a preguntar por mi día.

Nunca lo hizo, pero gracias a estos gestos de desamor y desinterés, fui despertando a la vida. Me hacía muchas preguntas y la respuesta siempre era la misma.

Noelia, no eres feliz con tu marido, déjalo, él no te quiere.

Yo merecía ser amada, y Eduardo me estaba dando todo ese calor que no tuve nunca. Me estaba empezando a enamorar de él.

Pero aún me quedaba por sufrir un gran susto, uno tan grande que fue el convencimiento claro para mí de que el padre de mis hijos estaba loco.

Ya no hacía falta que me golpeara, sus malas miradas me hacían el mismo daño.

Esa noche había quedado con Eduardo. Cuando llegué, había colocado varias velas perfumadas. Una cena esperaba en una pequeña mesa de cristal perfectamente adornada, no faltaba ningún detalle. Puso su mano derecha en mi nuca y me acercó hacia él. Yo me estremecí, hacía mucho tiempo que no sabía qué era una caricia, colocó sus manos en mi cintura y me levantó a peso. Él era un hombre fuerte y corpulento. Nos besamos fogosamente, como nunca lo había hecho. Me sentía muy bien en sus brazos, le gustaba mucho acariciarme, y al final ocurrió.

Me dejé llevar. Quería estar con él, quererlo, sentirlo. Fue precioso.

Con Daniel todo era imperfecto, todo lo que hacía le parecía mal, la convivencia era insoportable.

Me encontraba en el trabajo y Daniel me llamó.

—¿Quieres ir al Monasterio de Montserrat? —Preguntó.

—A ver, Daniel, ya no hay vuelta atrás, mi decisión está tomada.

Solíamos ir mucho, incluso yo pedía para que nos mantuviéramos juntos. Doy gracias al cielo por no haberme escuchado. Él nunca supo que yo tenía una Fe muy fuerte y que siempre experimenté en mi cuerpo sensaciones extrañas cuando pensaba en lo místico. Prefería que no lo supiera.

Acepté.

Yo ya no me callaba, respondía siempre a sus malas palabras e impertinencias.

Daniel también era creyente. Muchas veces yo le reprochaba que estaba muy bien rezar, pero sus actos hacia mí lo delataban. Como no sabía responderme su manera de actuar era siempre la misma, malas miradas, impertinencias. Pero yo le respondía, no me daba la gana callarme, ya no.

Pude evitar el miedo terrible que sentí cuando finalizó el día, pero no lo hice.

Fue un día muy tranquilo, quizá demasiado para lo que estaba acostumbrada.

Cuando el día terminó, la locura se apoderó de él.

Algo malo dije que lo hizo enfadar mucho y entonces apretó el acelerador.

—Qué haces, frena por Dios que nos matamos.

Apretó el acelerador todo lo que pudo y se colocó en el carril contrario.

—Frena, frena. —Puse mi pie encima del freno, pero él me lo apartaba con la mano, agarré el volante para girarlo, no me dejaba. Yo gritaba.

—Para, para, ¿qué estás haciendo?, los niños, piensa en ellos, por favor.

De frente venía otro coche.

Dios, vi que el copiloto que venía hacia nosotros se llevaba las manos a la cabeza, el choque frontal era inminente.

De repente giró el volante y se colocó en el carril adecuado dándole golpes con los puños cerrados.

Controlé mi estado de ansiedad y los temblores que aparecieron, tuve que acariciarle la cabeza para que bajara la velocidad y que no volviera a hacerlo.

—¿Qué te pasa, nuestros hijos, por qué quieres hacerles este daño, te imaginas el sufrimiento que sentirían siempre?

Poco a poco fue disminuyendo la velocidad y mis temblores se acentuaron mucho más. Tuve terribles ganas de llorar, pero pude aguantarme.

—Perdóname si he dicho algo que te molestase. —Le dije. Seguía conduciendo y tenía que calmarlo como fuese.

Llegamos a salvo. Ese episodio fue el final. Le miré a la cara, pero no dije nada, simplemente él entendió.

Me daba terror hablar con Eduardo. ¿Cómo iba a contarle lo que había pasado?, sentí miedo de la reacción que pudiera tener.

Muchas preguntas me asaltaban, sabía que era un final sin retorno.

—¿Cómo pude aguantar todo el infierno que me hizo pasar? —Tuve que hacerme muchas preguntas para poder acabar con tanto dolor.

Empezaban a inundarme muchos recuerdos de años atrás, episodios muy lejanos, pero presentes en mi cabeza en todo momento.

Yo misma me hablaba. —Noelia, es el pasado, la palabra lo dice. Quería convencerme de ello, pero entonces venía otro mal recuerdo y otro, era una sensación extraña. Era como si alguien quisiera que no me olvidara de ellos para que empezara a tomar decisiones importantes para mi felicidad.

Recordé que tiempo atrás hice una petición para poder tener el valor de alejarme de Daniel, porque yo merecía un hombre bueno y que me quisiera con locura, de esas locuras que te encienden el alma.

Entonces fue cuando apareció Eduardo, una bendición para mí.

—Dios escuchó, me dio fuerzas para hacerlo. —Recordaba.

Ahora ya tenía mi mente ocupada en mi nuevo trabajo, una nueva posibilidad se abrió delante de mí, estaba todo empezando a organizarse.

Estuve todo el día recordando la frase de aquel ser místico. ¿Qué querría decir con fíjate bien? *Te llegará la felicidad y tomarás la decisión correcta.*

Lo cierto es que me tenía muy intrigada, era extraño, ese hombre sabía algo de mi vida, ¿pero quién le había contado?

Todavía tenía el susto en el cuerpo, y Daniel no se dignó a pedir perdón, nunca lo hizo. Después de muchos días, apareció.

Me esperaba a la salida del trabajo, quería invitarme a cenar.

—Creo que no es conveniente, ya no hay vuelta atrás, está decidido, ya no te quiero. —Le dije con voz firme.

—No voy a hablarte de nada, solo quiero invitarte a cenar, nada más.

Me monté en el coche con miedo. Fuimos a un bar de tapas que había en unas calles más arriba. La cena fue tranquila, hablamos de los hijos y de las deudas que teníamos conjuntas.

Utilizaba palabras correctas y en un tono adecuado.

Yo dejé de quererlo hacía mucho, y ahora lo sabía bien, ya estaba segura. Tenía una nueva ilusión y estaba convencida de que quería vivirla, necesitaba hacerlo intensamente.

Pero algo empezó a cambiar en él cuando nos metimos en el coche de camino a casa.

—Es que no entiendo por qué quieres dejarme, ¿estás con otro hombre, dime, es eso? —Dijo con la actitud agresiva de siempre.

—Te dejo porque ya no te quiero y porque eres y has sido un mal marido.

Empecé a temblar de miedo, estuve paralizada unos segundos hasta que reaccioné.

—Para el coche, para el coche, por favor.

—No digas tonterías, qué pasa ahora. —Dijo levantando la voz.— Eres una ignorante, imbécil, estúpida.

—¿Te estás dando cuenta de que me estás insultando? —Dije.

Aproveché un semáforo en rojo y bajé rápidamente del coche, ya no podía más, mi mente y mi cuerpo se unieron para decir basta.

Intentó engancharme del jersey, pero no pudo. Bajé de forma acelerada y me refugié en un portal cercano, fuera de su vista. Estaba en mis manos el solucionar mi vida, e iba a hacerlo porque me sentía fuerte y ya tenía las agallas suficientes.

Cuando llamé a Eduardo se apoderó de mí un estado de ansiedad y casi no podía hablar, el llanto silencioso me ahogaba por dentro, no podía parar. Por fin entendió las pocas palabras que salieron de mi boca.

—Noelia, cariño mío, respira, venga vamos, inspira intensamente y expira tres veces seguidas, vamos, vida, hazlo.

Su voz tranquila y pausada me devolvió la serenidad. Le dije dónde me encontraba y vino a buscarme.

Cuando Eduardo llegó, bajó rápidamente del coche y me abrazó tan fuerte que vi entrecortada mi respiración.

¡Jamás me habían abrazado así!, estaba viviendo un sueño, se estaban empezando a recomponer todas mis partes destruidas, el alma estaba empezando a dar indicios de querer sanarse.

Esa noche hacía mucho frío. Pronto llegamos a casa y volvió a ocurrir.

Rompí a llorar, no pude evitarlo, tenía mucho dentro y tenía que sacarlo, me vine abajo.

Eduardo era un ser excepcional y me lo demostraba a cada momento.

—Sé lo que te pasa, mi vida, sé por lo que has pasado y es muy duro y eso tienes que sacarlo y si tienes que llorar toda la noche, pues lloremos juntos. —Dijo Eduardo.

Me volvió a abrazar y ambos nos sentamos en el suelo, lloramos juntos, Eduardo me acariciaba la cara y me limpiaba las lágrimas con su mano. Me acariciaba la cara, era tan bonito de sentir.

Esa noche nos amamos como nunca, sentí cosas nuevas, ese ser era mi complemento, era lo que la vida tenía reservado para mí, era un gran amor, y la vida nos unió. Una nueva vida empezaba.

CAPÍTULO OCHO
La decisión

Sabía que Daniel no iba a conformarse. Cuando se diera cuenta de que mi decisión era seria, empezaría a patalear. Y así sucedió.

Una mañana llamé a mi abuela, solía hacerlo a menudo, era muy mayor y a ella le gustaba que le contase como me había ido el día y ella contarme a mí cosas de abuelas. Era muy bonito, yo disfrutaba mucho de sus conversaciones y de sus risas, cuando se reía lo hacía con gusto, a carcajada viva.

Ella me confesó que Daniel la había llamado y que sintió miedo al escucharlo.

—Me llamó Daniel y se puso a llorar, Noelia, eran unos lloros extraños, nunca lo escuché así. Lloraba y de repente reía a la vez, sentí miedo. —Dijo mi abuela.

—¿Pero por qué miedo, que te dijo yaya?

—Pues mira cariño, dice que te ha aguantado mucho, que siempre que llegaba a casa tenía montañas de ropa para arreglar, que se tenía que hacer cargo de los niños siempre, un montón de mentiras, porque yo sé, Noelia, que son mentiras. —Expresaba mi abuela con voz temblorosa.

—Madre mía, hasta dónde ha llegado, cuando tú sabes yaya que yo no hacía otra cosa que limpiar, que siempre he ido de casa al trabajo y nunca he reparado en mí.

—Claro que lo sé, mi niña, pero tuve que escucharlo.

—Pues voy a darte una buena noticia, lo he dejado, me separo de él, así lo he decidido y ya lo sabe, por eso te llama, para que me convenzas de que vuelva, es muy listo. Ya no le quiero, tú sabes que no he sido feliz a su lado, he padecido mucho, aunque ha habido también momentos buenos, pero ya no lo soporto más. Pero, yaya, tengo que darte una sorpresa, he conocido a otra persona.

Mi abuela estaba sorprendida, pero contenta a la vez.

—Si lo has decidido así me parece bien, Noelia, te mereces ser feliz y si has conocido a alguien y lo eres, adelante, estoy muy contenta por ti, ya era hora, mi niña, de que te llegara la felicidad.

Mi abuela era muy mayor, pero moderna y entendía perfectamente lo que le estaba contando.

Siempre temió que si me separaba de él, pudiera hacerme daño con los niños, pero estos ya eran adultos, sé que yo había cumplido, y que tenía una vida por delante para disfrutarla. Siempre fui muy inocente, me adapté a él sin rechistar, hasta que mi mente y mi alma se unieron para decir: basta ya.

Con cuarenta y muchos empecé a descubrir otra vez el amor de pareja, lo que era sentirse amada y cuidada. Quizá tenía que ser así.

Me acordé otra vez de Celeste, había llegado el momento de pensar en ir a verla.

Daniel estuvo molestando a mi abuela durante unos días, se estaba empezando a dar cuenta de que mi decisión no era solo un conato, era una decisión firme y muy meditada.

Mi abuela volvió a llamarme.

—¿No me digas, yaya, que sigue todavía insistiendo y molestándote? —Pregunté.

—No, ya no, Noelia, te llamo porque acaba de llegar una carta a tu nombre.

Cuando me dijo el remitente, se me heló la sangre, no sé exactamente lo que se me pasó por la cabeza, pero temí que fuera algo muy malo.

Al día siguiente fui a recogerla, no podía esperar.

El familiar de Valentina me escribió desde los Estados Unidos.

No supe nada de ella ni de las niñas desde que la ambulancia se la llevó muchos años atrás.

Las niñas serían mujeres adultas ya.

Tenía pánico de abrir la carta, no me atrevía.

Después de tenerla en mis manos unos momentos pidiendo que no fueran malas noticias, me dispuse con el valor para abrirla y leer con calma lo que decía en su interior.

Eran malas noticias a medias. El familiar de Valentina me explicaba que las niñas eran mujeres adultas. Que la mayor tenía un problema y querían traerla a España para poder tratarla. Decía también que lo único que sabían de Valentina era que la habían llevado a una Residencia y que al parecer perdió la cabeza. Quiso averiguar varias veces dónde la llevaron cuando falleció su marido, pero nunca lo consiguió.

Me explicaba que la chica mayor, Marisol, desde que ocurrió lo de su padre ya no habló nunca más, que los médicos aseguraban que no le pasa nada, y que sus cuerdas vocales siempre estuvieron bien.

Al leer este párrafo me vino a la memoria el día que la niña miraba desde la ventana y posiblemente viera a su padre flotar en la piscina, muerto.

Simplemente dejó de hablar, decía el familiar.

Llamé rápidamente al número de teléfono que allí rezaba para hablar de inmediato y saber más.

Querían probar en España a ver si tuvieran algo más de suerte y poder hacer algo para ayudar a esa chica.

Yo me temía que Marisol pudiera haber visto algo más de lo que sabíamos.

Ante todo este panorama decidí hablar con Eduardo para explicarle el caso.

—No hay problema, cariño, acepto a tratar a Marisol, por lo que me cuentas, tuvo que ver algo muy duro, esa chica tiene un trauma y voy a averiguar qué es lo que pudo ver.

Eduardo era un amor, siempre tan atento y servicial, tuve suerte en encontrarlo.

Llegó el momento de ir a ver a Celeste y decirle que había tomado la decisión de aceptar el trabajo. Sería un poco lo mismo, pero no estaría encerrada en un triste despacho, amargada todo el día y con un jefe horrible.

Me acordaba de la señora María, la madre de Daniel, desde que decidí dejar a su hijo ya no quiso saber nada más de mí. Pero yo sabía en el fondo que ella me quería.

Yo a ella la cuidaba y la aconsejaba de la mejor manera que sabía, porque tampoco tuvo una vida fácil.

Ella me miraba y se reía conmigo. Cuando empezaron a rondarme ideas en mi cabeza de dejar a mi marido debido a las faltas constantes de respeto, yo intentaba de alguna manera hacerla a ella partícipe para que entendiera que una mujer no debe permitir ser maltratada de ninguna de las maneras y debemos cortar de inmediato con esa relación. Le estaba diciendo de forma muy sutil que yo no tardaría mucho en hacerlo, aún sin ser consciente de ello. Esto para mí, era también terapia.

Eduardo era una persona extraordinaria y con una humanidad digna del trabajo que desarrollaba. Volvimos a hablar sobre el tema de Marisol. Él estaba encantado de poder tratarla. Yo les había perdido la pista y me arrepentí muchas veces de no buscarlas.

Precisamente ese día habían llegado a España y sería su primera terapia.

Estábamos los dos muy nerviosos y deseando verlas.

Cuando picaron a la puerta me encargué yo de abrir y la emoción me inundó.

Las dos chicas se lanzaron a abrazarme llorando desconsoladamente. Marisol lloraba mucho y Daniela lloraba y repetía mi nombre.

—Noelia, Noelia, te hemos echado mucho de menos. He rezado todos los días para poder volver a verte. —Dijo Daniela.

—Mis niñas bonitas, perdonadme, os tendría que haber buscado, no tengo perdón, pero mi vida no ha sido fácil, he pasado por momentos muy duros. Perdonadme, lo siento de verdad.

Marisol y Daniela eran ya dos mujeres. Pero Marisol no podía hablar, quería, pero las palabras no le salían.

Después de las presentaciones, Eduardo empezó a tratar a Marisol. Lo estuvo haciendo durante varios días.

Mientras tanto, yo empecé a hacer las maletas y preparar el traslado a casa de Eduardo. Solo cogí la ropa, no quería llevarme nada más.

Me sentía liberada, pero a la vez algo extraño me recorría por el cuerpo. No sabría explicarlo. No entendía la necesidad constante de ayudar a las personas, sobre todo a las mujeres. Cada vez era más fuerte lo que yo sentía.

Yo no pude hacerlo conmigo en su momento, pero al final pude. Algo me impulsó a hacerlo.

Por fin Eduardo supo el por qué Marisol dejó de hablar.

La terrible noticia me dejó impactada.

Valentina lo mató. Mató a su marido y la niña lo vio todo desde la ventana.

No fue preparado, vio la oportunidad de hacerlo, y lo hizo.

Cuando Valentina bajó a la piscina a tomar un poco el aire, se sentó en una hamaca con una copa de vino.

Estaba toda magullada y su cara llena de golpes. Estaba acostumbrada ya a ello.

El marido regresó a casa borracho casi tambaleándose y se sentó a su lado. Ella tenía en el bolsillo de la bata un bote de barbitúricos. Posiblemente su intención era otra.

La niña desde la ventana vio que su madre introducía pastillas en su copa de vino mientras el padre se acercó al jardín a coger una rosa. Ese era su modo de actuar después de cada episodio de violencia.

Cuando le daba la rosa, ella le ofreció su copa de vino, y él se la bebió toda.

Al rato empezó a caminar hacia la piscina y se cayó. Él alargaba la mano hacia Valentina como pidiendo ayuda porque no podía salir. Ella fue corriendo hasta el jardín donde tenían guardados los accesorios de la piscina y cogió la red que se utiliza para la limpieza dirigiéndose hacia su marido, con este utensilio empezó a darle golpes en la cabeza para que se hundiera.

El cuerpo del hombre paró de moverse. Cuando Valentina miró hacia arriba Marisol estaba en la ventana. La niña lo vio todo, por eso Valentina gritaba, no porque su marido yacía muerto en la piscina, sino porque una de sus hijas vio la terrible escena.

Esto fue un tremendo impacto para la niña que la dejó muda por muchos años. Eduardo la seguiría tratando hasta que se recuperara del todo.

Estuve un largo rato llorando por esa niña ya que tuvo que sufrir mucho con eso guardado dentro sin poder explicárselo a nadie. Muy triste también.

Por fin me decidí a ir a ver a Celeste y aceptar su propuesta. Un cambio de aires me vendría genial. Todo estaba empezando a reconducirse en mi vida.

Conduje durante un largo rato hasta el centro espiritual de Celeste. Por el camino iba pensando lo valiente que había sido en dejar a Daniel, de sacar fuerzas donde no las había para tener el valor de hacerlo.

Mi intención era la de seguir con él el resto de mis días. Gracias al cielo que actué a tiempo.

Me resultó un poco costoso llegar al lugar, fue difícil de encontrar. Estaba bastante apartado de la ciudad.

Para poder acceder al interior había una gran valla de hierro de color negro que delimitada toda la zona.

Toqué a un interfono y después de hacerme varias preguntas me abrieron la puerta.

Aquello era inmenso, la vista se me perdía entre la arboleda y las zonas ajardinadas. Daba la sensación de ser un paraíso, parecía de película de lo bonito que era.

Nunca había visto nada tan hermoso, un espacio natural donde se respiraba paz y armonía.

Dejé el coche y me dispuse a caminar por uno de los anchos pasillos que estaban adornados con grandes maceteros y flores preciosas. Había muchos bancos casi todos ellos ocupados por mujeres que conversaban unas con otras.

Me fijé que unas estaban muy contentas y otras en cambio parecían sentir miedos, posiblemente fueran las de reciente ingreso.

Me fijé en una mujer que recogía unos tulipanes para meterlos en un jarrón. Cantaba, tenía una voz preciosa.

Me dirigí a una de las mujeres que estaban sentadas.

—Buenos días, señoras. —Dije animadamente—. Vengo a ver a Celeste.

Una de ellas sobresaltada me reconoció.

—Noelia. —Gritó abalanzándose hacia mí.

Abrazada a mí dijo: —Qué alegría, cuánto tiempo, ¿qué haces tú por aquí?

Al principio no la conocí, pero de pronto me acordé de su nombre.

—Maribel, bonita. —Le dije.

Fue una de mis clientas cuando trabajaba con Mario, un caso bastante triste y muy parecido al mío. Pero la encontré muy bien, estaba muy recuperada.

—No sabes lo que me alegro de verte, Maribel, te veo estupenda, estás muy guapa, pero que mucho.

Sus ojos se iluminaron aún más.

—Sí, Celeste también me está tratando y en poco tiempo empezaré una nueva vida. Os tengo mucho que agradecer a las dos, no sé cómo pagaros, de verdad.

—¿Sabes cómo? —Le pregunté.

Maribel hizo un gesto de estar esperando una respuesta.

—Siendo feliz, inmensamente feliz y no dejar que nada ni nadie perturbe tu paz. De esa manera, puedes pagarnos.

Ella volvió a abrazarme, cuando ambas nos recuperamos de la emoción de encontrarnos me dijo que Celeste estaba dentro.

—Pues Celeste está dentro en su despacho con una mujer que lleva aquí mucho tiempo y no se acuerda de nada, cuando salga me toca a mí. —Dijo.

—Bueno pues esperaré aquí fuera y luego entraré a saludarla, tengo un tema que tratar con ella, y vuelvo a repetir, estoy muy emocionada de encontrarte, Maribel, que la vida te vaya de lujo y no quiero perder el contacto contigo. Voy a trabajar aquí con Celeste y cuando quieras y me necesites sabes que puedes venir a verme.

Maribel volvió a abrazarme y besarme, se había convertido en una mujer muy valiente, una gran mujer.

Lo que estaba a punto de ocurrir me encogió el corazón, el camino de la vida se empezaba a organizar como por arte de magia.

CAPÍTULO NUEVE
Valentina

Las sorpresas para mí aún no habían terminado. Empezaba ya a ser feliz, a sentirme plena. Mi hora de conocerlo todo estaba llegando.

Decidí entrar y esperarme en una pequeña sala de espera muy pequeña pero acogedora. Estaba iluminada con una luz muy tenue y muchos cuadros de ángeles y arcángeles adornaban las paredes. Eran unos cuadros maravillosos. Me quedé impactada, aunque lo encontré normal viniendo de Celeste y la gran labor que hacía con esas mujeres.

Alguien o algo allá arriba le daba fuerzas a Celeste para realizar ese trabajo tan importante que desarrollaba.

Yo me sentía rara. Algo extraño me recorría el cuerpo. Me senté en un sillón pequeño que había en un rincón de la pequeña sala.

Sentada en él, perdí la noción del tiempo. Al parecer me dormí y tuve un sueño rarísimo.

Alguien vestido de blanco me repetía muchas veces *Tú elegiste ir, tú elegiste ir.*

Me desperté sobresaltada, había tenido una pesadilla. Escuché también que en el fondo del pasillo alguien abría una puerta y se oían risas de mujeres.

Celeste venía caminando por el pasillo con una mujer, ambas cogidas de la mano.

—Dios mío, —me llevé las manos a la cabeza. La mujer que venía con Celeste era Valentina.

—Valentina, Valentina. —Grité. Ella se quedó extrañada, parecía no conocerme. ¿Qué le pasaba?

Ella me miraba, pero no me conocía.

—Valentina, cariño, soy Noelia, seguro que te acuerdas de mí, yo cuidaba de tus hijas. Tus hijas son mujeres ya. —Le dije en tono muy dulce.

Celeste me miraba. Su mirada era de complicidad conmigo.

—Noelia, Valentina no recuerda mucho, pero estamos haciendo esfuerzos para que poco a poco vaya recobrando la memoria. Sabes del gran impacto que le provocó la muerte de su marido.

Valentina reaccionó a ese comentario.

—¿Cómo que muerto? Celeste, te equivocas, se marchó, cuando me pegó por última vez se fue y ya no volvió. —Dijo Valentina.

Ella había borrado de su mente lo que hizo.

Celeste hizo las presentaciones, como si Valentina no me conociera.

Cuando Valentina salió fuera acordé con Celeste en enseñarle una foto que tenía guardada de las niñas cuando eran pequeñas. A ella le pareció muy buena idea.

—¿Bueno sabes a lo que vengo, Celeste? —Dije entusiasmada.

—Claro, bonita, a trabajar conmigo y ayudar a todas estas mujeres a salir del pozo, ya habíamos hablado que es lo que tienes que hacer.

Mientras esperaba en el despacho de Celeste para la firma del contrato, decidí llamar a Eduardo y explicarle lo sucedido.

—Eduardo, cariño, no te lo vas a creer, he visto a Valentina, está interna en el centro de Celeste, y no me recuerda.

Estaba muy emocionada y a veces la voz me temblaba. Al final lloré.

—Noelia, mi vida, tranquilízate, la propia vida te ha llevado a ella para que puedas ayudarla, te das cuenta, cariño, vas a poder estar con ella. –Dijo Eduardo.

Le expliqué que había quedado con Celeste para enseñarle una fotografía de las niñas para hacerle recordar, y lo iba a hacer de inmediato, no podía esperar.

Ese día comí junto a todas las internas, y cuando todas se retiraron a sus habitaciones a descansar, fui detrás de Valentina para hacer lo que tenía pensado, tenía que hacerlo cuanto antes.

Cuando Valentina entró en su habitación, aproveché y me introduje rápidamente detrás de ella.

—Qué susto me has dado, no te había visto. —Dijo Valentina.

—Mira, vamos a sentarnos aquí en la cama, ¿te parece, Valentina?

—Dime la verdad, ¿por qué haces que no me conoces? No recuerdas que yo cuidé de tus hijas pequeñas durante algunos años, ¿de veras no te acuerdas? —Dije con un hilo de voz.

Valentina solo me miraba, pero no decía nada, como si estuviera verdaderamente ida.

—Mira, vamos a hacer una cosa, voy a enseñarte una foto y me dices si recuerdas algo, ¿vale, Valentina?

Valentina asintió con la cabeza.

Saqué del bolso mi monedero y del interior una fotografía donde estaba Valentina junto a sus hijas Marisol y Daniela cuando las niñas tenían cinco años. Se la puse en las manos a Valentina sin decir nada.

Estuvimos en silencio unos minutos.

—Mira, voy un momento fuera y tú, Valentina, cariño, intenta recordar quiénes son las niñas que ves en la foto, en un rato vuelvo. –Le dije.

Valentina no levantaba la cabeza de la foto.

Aproveché y fui al baño que se encontraba al final del pasillo. Por el camino me entraron dudas y no sabía si había hecho bien al dejarla a solas.

Cuando volví, Valentina estaba en el suelo arrodillada llorando desconsoladamente agarrando la foto con ambas manos.

—Valentina, cariño. —Dije.

Me tiré al suelo con ella y no pude evitarlo, lloramos juntas.

—Cariño, ¿te acuerdas, verdad?

Valentina asentía con la cabeza, pero no podía parar de llorar.

—Mis hijas, mis hijas. –Decía insistentemente Valentina.

—¿Te acuerdas de ellas, verdad, Valentina? Son mujeres ahora, son unas maravillosas mujeres que tienen muchas ganas de verte y de quererte.

Valentina y yo seguíamos en el suelo llorando y abrazándonos a la vez.

Pero aún no habían terminado las emociones ni las sorpresas para ninguna de las dos.

Celeste por su cuenta ya había quedado con Eduardo para traer al centro a las hijas de Valentina. Había dado un paso muy importante recordándolas con la foto en la mano. Todo estaba milimétricamente guiado.

A Valentina tuvieron que darle una infusión para poder tranquilizarla y la aconsejaron que durmiera un rato, se había emocionado muchísimo y se temía que le diera otro ataque de pánico.

Yo ya estaba bastante recuperada cuando me despedí de Celeste para marcharme a casa. Eduardo me estaba esperando porque esa noche habíamos decidido salir a cenar y divertirnos un rato. Para mí todo eso era nuevo.

Celeste caminaba detrás de mí porque sabía qué era lo que iba a suceder en cuanto yo me diera cuenta del cartel.

Cuando ya me encontraba en el patio fuera de las instalaciones, ocurrió.

Miré hacia arriba y encima de la puerta de entrada rezaba un cartel de bienvenida a las mujeres.

—No me puedo creer lo que está pasando. —Decía.

Celeste estaba en la puerta, solo me miraba y sonreía.

Caí de rodillas.

—Celeste, esto es una broma, ¿verdad? —Expresé.

—¿Qué significa todo esto? —Continué.

—Cariño, te lo dije, tu sitio es este. Tú tienes una misión muy concreta, ya has aprendido lo que tenías que aprender. Estabas destinada a esto, y has de ponerte manos a la obra ya. Eres un Ángel, Noelia, y tú debes ayudar.

No entendía absolutamente nada, estaba como paralizada, nunca me habían dicho esto tan bonito.

El cartel decía: *Tomarás la decisión correcta y te llegará la felicidad.*

—Celeste, esas palabras me las dijo el vagabundo. —Dije.

—Cariño, tú creías que es un vagabundo, pero no lo es y pronto sabrás la verdad.

—¿Qué es, un cura?

Celeste rio.

—NO, Gabriel no es un cura, pero no tardarás en entenderlo todo.

Celeste me enseñó todas las instalaciones y me explicó el funcionamiento de todo.

—Muchas gracias, Celeste, no sé cómo puedo pagarte tanta confianza y cariño que has depositado en mí, y sobre todo muchas gracias, nunca me habían dicho que era un Ángel, qué bonita palabra. —Comenté.

Celeste sonreía. —Sí que lo eres, Noelia. —Pensó Celeste.

Decidí quedarme un rato más y llamar a mi abuela para explicárselo todo.

Celeste me ofreció que fuera a la Capilla para que tuviera más intimidad a la hora de hablar.

Cuando Celeste me abrazó, sentí algo extraño. Ese abrazo era ya una despedida.

—Yaya, tengo una noticia buenísima, mañana mismo empiezo a trabajar con Celeste en su Centro, y Eduardo también lo hará. Estoy loca de contenta.

La abuela lloraba de la alegría, la inundaba una tremenda paz. Ahora su nieta era feliz y mis hijos empezarían a valorar a su madre de verdad.

Esa noche me acosté dando las Gracias, lo hacía muy a menudo, sentía que tenía que hacerlo.

Lo que al día siguiente me esperaba fue el inicio de mi gran despertar.

CAPÍTULO DIEZ
La carta

Seguía asombrada, no entendía muchas cosas que Celeste me decía.

Le gustaron mucho las instalaciones y sobre todo lo que hizo con referencia a las hijas de Valentina.

En mi primer día de trabajo se iban a ver madre e hijas después de muchos años.

Ella sí que es un Ángel. —Pensaba.

Llegó el día esperado. Eduardo y yo fuimos al centro, nuestro primer día que trabajábamos juntos, estábamos emocionados, parecíamos dos adolescentes.

Eduardo ya conocía el centro porque llevaba trabajando con Celeste durante un tiempo.

Celeste nos esperaba a ambos en su despacho. Nos dijo que en breve vendría un taxi con las hijas de Valentina y debíamos preparar a la madre para tal encuentro.

Valentina ya empezaba a recordar, pero la muerte de su marido no llegó a asimilarla y el hecho lo escondió en un rincón de su mente olvidándolo por completo.

Cuando vimos que el taxi se aproximaba, Eduardo y yo bajamos a recibirlas. Celeste se quedó en su despacho.

Antes de que cruzara la puerta para bajar a por ellas, Celeste me llamó.

—Noelia, ven un momento, tengo que decirte algo.
—Dime, Celeste.
—Mira, verás, ahora tengo que salir a realizar unas gestiones, te dejaré una carta en el primer cajón del escritorio que quiero que leas tú a solas, son unas directrices muy concretas que quiero que lleves a cabo. —Dijo Celeste—. ¿Lo has entendido, verdad?, abre la carta a solas.

Le dije que no se preocupase, que así lo haría.

Sin entender nada de lo que Celeste quería decirme bajé rápidamente a recibir a las hijas de Valentina.

Llegué tarde, ya estaban en la habitación con ella y Eduardo salía.

—Déjalas un rato, Noelia, es muy emocionante, están las tres llorando, es muy triste, pero bonito a la vez. Reencontrarse después de tantos años tiene que ser tremendo.

—Pero dime algo, ¿las ha reconocido? —Dije.

—Claro, en cuanto han entrado por la puerta, Valentina se ha abalanzado a ellas y han empezado a llorar desconsoladamente. Yo he tenido que salir, he visto de todo, pero me moría de pena. —Expresó Eduardo.

—Qué ganas tengo de verlas a las tres. ¡Las quiero tanto!

Estaba intrigada y quería saber qué era lo que en la carta ponía.

Desde la puerta vi que Celeste y Gabriel se marchaban caminando hacia el bosque, y una mujer los acompañaba. Estaban demasiado lejos, no pude ver quién era.

—Qué raro, se van caminando y no cogen el coche. —Pensé.

Decidí ir al despacho y leer la carta. Entré, y cerré con llave.

Estaba nerviosa, me senté en el sillón del escritorio y saqué del cajón la carta.

Cuando abrí el sobre vi que era una carta muy extensa.

Noelia, decirte que nuestro encuentro tuvo que ser como fue, que todo tiene su tiempo y todo ha llegado donde tenía que llegar. Has hecho un magnífico trabajo, tu misión se ha desarrollado perfectamente. Te felicito.

Quisiste hacerlo, tomaste una decisión difícil y firme, sabías que debías hacerlo para poder llegar a la felicidad y eso, cariño, ha llegado. El Arcángel Uriel te eligió a ti para el propósito de tu alma, se introdujo en ti cuando tomaste esa decisión tan difícil. Te bendijo, te envió toda su energía y la luz para que sacaras esa fuerza que ya existía en ti. Tu oración al Arcángel Uriel llegó. Nuestra misión se ha cumplido con éxito, se nos encomendó cuidarte, y así, Gabriel y yo lo hicimos. Quizás ahora mismo no estés entendiendo nada, pero lo harás.

Se te envió la ayuda necesaria para que así ocurriera, la elección de ayudar a ese colectivo era tu misión de vida, ayudar a las mujeres que sufren en el mundo todo tipo de maltrato. Uriel está feliz porque tu energía ha de estar destinada a eso.

El Arcángel Gabriel y yo nos ofrecimos voluntarios para acompañarte en este gran viaje. Gabriel ha estado a tu lado en todo momento, desde el principio, desde que la Señora María fue a buscarte al colegio cuando tus padres ya habían completado su misión aquí en la tierra, no te ha dejado ni un momento.

Te dejamos a cargo del centro, aún te queda mucho que completar, ayudarás a muchísimas mujeres, serás inmensamente feliz con Eduardo.

Estamos muy orgullosos de que has completado con éxito esta difícil tarea.

Con el tiempo lo entenderás y tu Ángel te lo hará saber.

Ve, y haz lo que sabes hacer.

AYUDAR.

Nos llevamos a Valentina, su luz se apagó hace tiempo. No te apenes, estará con nosotros.

Agradecemos tu servicio aquí en la tierra.

Hasta pronto.

URIEL

Sobre la autora

Mª Isabel Arcos es Policía Local desde hace treinta y dos años. Hace poco tiempo que algo extraño recorre su cuerpo, quiere ayudar, sabe que tiene que hacerlo, poco importa si se lo pides o no, ella lo va a hacer de todas maneras aún sin darte cuenta. Dice estar invadida por la alegría y la felicidad y está empeñada en compartirla contigo.

Dice que su padre le sonríe desde arriba.

www.ingramcontent.com/pod-product-compliance
Lightning Source LLC
Chambersburg PA
CBHW021012090426
42738CB00007B/764